HISTORIA DEL PENSAMIENTO ECONÓMICO

PABLO COTO MILLÁN
Catedrático de Fundamentos del Análisis Económico
Universidad de Cantabria

HISTORIA DEL PENSAMIENTO ECONÓMICO

Editorial Universitaria
Ramón Areces

Primera edición: junio 2024
Primera reimpresión: octubre 2024

ISBN: 978-84-9961-458-8
Depósito legal: M-14924-2024

Campillo Nevado, S.A.
Desierto de Tabernas, 8
28320 Pinto (Madrid)

Impreso en España / *Printed in Spain*

ÍNDICE

Segunda Parte
LA ECONOMÍA CIENTÍFICA

AGRADECIMIENTOS

Quiero expresar mi agradecimiento a José Miguel Sánchez Molinero por leer el borrador y prologar este libro. He tenido la suerte de tenerle como profesor y director de tesis doctoral en mis estudios universitarios de Economía, en donde me ha enseñado Microeconomía, Macroeconomía e Historia del Pensamiento Económico. Desde entonces hemos seguido conversando y discutiendo sobre muchos temas y ha resultado sumamente enriquecedor. Conocerle ha sido determinante para que me dedicara a la docencia e investigación en Economía.

Por otra parte, ha leído y realizado sugerencias el profesor Doctor Benjamín Piña Patón, que he recogido en el texto. Le agradezco su sabiduría y amistad.

Con el profesor Doctor Jesús Pindado Uslé he debatido algunos autores clásicos.

Otros autores los he tratado en largas conversaciones con los profesores doctores William Hernández Requejo, John Grahan, Connie Peachman y Miguel Ángel Pesquera, en mis estancias en la Universidad de California. Con el profesor Doctor Sergio Jara-Díaz he debatido cuestiones relacionadas con el tratamiento de los autores clásicos, ortodoxos y heterodoxos, de la oferta del trabajo, durante mi estancia en la Universidad de Chile y su estancia en la Universidad de Cantabria. Finalmente, deseo agradecer a la Universidad de Cantabria y a la Universidad de California, por proporcionarme un ambiente propicio para redactar este libro.

PRÓLOGO

Este libro que el lector tiene entre sus manos ha surgido de la experiencia de su autor, Pablo Coto Millán, en relación con la enseñanza de la historia de las ideas económicas a un público muy especial e interesante: un público formado mayormente por personas que han pasado ya por una larga vida de trabajo en diversas profesiones, y simplemente desean, sin buscar ninguna clase de título académico, un entendimiento más profundo de la realidad económica. La Economía es algo que a todos nos afecta, a todos nos concierne, algo de lo que todo el mundo habla y a menudo pretende conocer. Pero en realidad se trata de una materia poco conocida a nivel popular, sobre todo a juzgar por la cantidad de tópicos y eslóganes fáciles que suelen dominar el lenguaje de los políticos y los medios de comunicación, y que raramente sobrepasan el nivel de una conversación junto al mostrador de un bar. Ciertamente, la curiosidad intelectual por los fenómenos económicos no es exclusiva de nuestra época. Siempre ha existido.

Desde que existe literatura escrita, la gente ha ido dejando sus opiniones, sus intuiciones, incluyendo a menudo propuestas para la solución de muchos problemas económicos, en documentos de diversa índole. La historia de las ideas económicas nos muestra todo esto. Y nos muestra, sobre todo, cómo este magma de ideas ha ido decantándose a través de los siglos, hasta cristalizar en una serie de nociones básicas, que en el fondo son bastante simples, pero no inmediatamente accesibles. Y seguramente esto es así porque, para captar esas nociones, hace falta concentrarse en lo esencial, dejando de lado prejuicios ideológicos e intereses particulares, y poniendo la búsqueda de la verdad por delante de todo. No es este prólogo el lugar idóneo para elaborar una síntesis completa de esas nociones básicas, pero sí podemos enumerar algunas de las mismas. Hablamos de cosas tales como la importancia de la libre iniciativa de los individuos y de la competencia como mecanismo regulador de los mercados; la capacidad de los mercados para autorregularse sin necesidad de controles externos; la importancia de la cooperación entre los individuos, pero también la dificultad que entraña cualquier intento de imponer la cooperación por decreto; las distorsiones generalmente asociadas a las coaliciones basadas en intereses de grupo; y, quizás por encima de todo, la necesidad de que el orden económico esté basado en un orden moral. Dicho de otra manera, ninguna economía puede funcionar bien, si no existe un *orden moral*, es decir, un consenso generalizado en torno a una serie de valores, que están más allá de toda controversia política.

En mi opinión, el autor de este libro ha sabido captar muy bien estas ideas y ha sido capaz de contar el largo proceso de gestación de las mismas. La mayor parte del libro será de lectura fácil para el público al que va dirigido. Es verdad que los últimos capítulos, sobre todo los que tienen que ver con cuestiones como el equilibrio general competitivo, las teorías del bienestar o la teoría del interés, han sido elaborados de una manera un tanto esquemática, que sin duda requeriría un tratamiento más elaborado para una buena comprensión. Pero también es verdad que estas cuestiones pueden dilucidarse en el contexto de las clases presenciales, adaptándose a las características particulares del público interesado. Por lo menos, habría que destacar el afán de completitud con que estos capítulos han sido redactados. Lo cual, además, podría considerarse como una puerta abierta que permitiría el uso del libro en otro tipo de cursos, como complemento introductorio a los estudios universitarios de Economía. En conjunto, se trata de una obra muy completa, que sin duda podrá ayudar mucho a los lectores a los que va dirigida; y por la cual deseo dejar constancia de mi felicitación a su autor.

José Miguel Sánchez Molinero
Catedrático de Fundamentos del Análisis Económico
Universidad de Valladolid

Capítulo 1
INTRODUCCIÓN

El viaje de la humanidad a través de la historia es como un gran panorama de acontecimientos, personas y culturas. Es una historia de triunfos y tragedias, de cambios en el poder y la influencia, y de dificultades y éxitos.

Cuando miramos al pasado de la humanidad, podemos apreciar los asombrosos logros y luchas de nuestros predecesores, desde el desarrollo del lenguaje y las artes hasta el auge y caída de imperios y civilizaciones. Podemos honrar las contribuciones de nuestros antepasados y obtener conocimientos y perspectivas de sus lecciones y experiencias.

Mediante la reflexión y el estudio de nuestro pasado, podemos apreciar mejor nuestro presente y tener una mejor visión de nuestro futuro.

La historia del pensamiento económico es historia de la Economía, con mayúsculas, que así escribiré cuando me refiera a la Ciencia Económica frente a economía con minúsculas que utilizaré para referirme a la actividad económica. Estudia la historia de los esfuerzos intelectuales por entender y explicar los fenómenos comunes de la naturaleza. Se remonta a la Antigüedad, con los pensadores griegos, y a la Edad Media en la que el pensamiento económico se desarrolló con los escolásticos cristianos. En la Edad Moderna surgieron dos escuelas de pensamiento: el mercantilismo y la fisiocracia. El mercantilismo afirmaba que gracias al intercambio de mercadería y a la acumulación de oro y plata se generaba la riqueza. La fisiocracia, por otro lado, creía que la riqueza solo se generaba en las tareas agrícolas.

El punto de partida de la Economía como ciencia fue la publicación del libro "La Riqueza de las Naciones" de Adam Smith en 1776. La felicidad es la gran aspiración a lo largo de la historia de la humanidad y como no de la Economía pues ya en Adam Smith en 1759 en su "Teoría de los sentimientos morales" describe la ética y la moral en sus aspectos económicos y sociales preguntándose ¿Cuál es la naturaleza del hombre? ¿El egoísmo y las malas conductas afectan estos aspectos económicos y sociales? También explica las causas más probables por las que el hombre corrompe la moralidad y las opciones a seguir para mantenerla intacta. Todo ello lo explica a través de lo que él denomina el espectador imparcial. Describe cómo el ser humano siente la necesidad de comodidad y lujos, sin tener en cuenta a los que viven agobiados con pequeños márgenes de felicidad y se plantea cómo afecta esto a la moralidad.

La felicidad no es una meta, es el camino, es el viaje que el ser humano hace con otras personas. Por ello la felicidad tiene su fundamento en alcanzar la superación tanto material como moral. El cómo actuamos con los demás lleva implícitos nuestros valores. Tales valores nos permiten vivir con los demás y crecer con ellos en un proceso de cooperación y ganancia mutua. Ya Aristóteles concibió la felicidad como un propósito central de la vida humana y un objetivo en sí mismo. Llegó a introducir la idea de una ciencia de la felicidad considerándola como un nuevo campo del conocimiento. La propuesta de Aristóteles era cultivar el equilibrio. Para el filósofo de la felicidad, el equilibrio era la fuente de la virtud misma, que permitía la excelencia humana. Para Aristóteles, entonces, la felicidad era un fin u objetivo final que abarcaba la totalidad de la vida. No es algo que se pudiera ganar o perder en pocas horas, como las sensaciones placenteras. Es como el valor máximo de tu vida, midiendo qué tan bien has vivido hasta tu máximo potencial como ser humano. La felicidad no tiene que ver con los placeres, sino más bien con la plenitud de la vida. "La felicidad resulta ser una actividad del alma de acuerdo con la virtud", escribe Aristóteles. Según él, la felicidad consiste en lograr, a lo largo de toda la vida, todos los bienes –salud, riqueza, conocimiento, amigos, etc.– que conducen a la perfección de la naturaleza y al enriquecimiento de la vida humana.

Se puede decir que la felicidad coincide con la abundancia entendida como el desborde de la plenitud en todas las áreas de la vida. Por eso, la felicidad requiere también tomar decisiones que pueden, a veces, ser difíciles, tales como elegir la gratificación retardada. Mas que todo, requiere desarrollar un buen carácter y la fuerza de voluntad para hacer lo correcto, incluso en situaciones difíciles. Así, la felicidad, es, antes que nada, quiénes somos, y no lo que logramos. La felicidad no depende de las circunstancias externas, aunque sean difíciles. Por lo tanto, en las circunstancias del presente, de crisis de valores y recursos, tenemos una oportunidad preciosa para desarrollar este estado del ser. Porque, como decía Aristóteles: "Solo hay felicidad donde hay virtud y esfuerzo serio, pues la vida no es un juego".

El estoico emperador romano Marco Aurelio decía: "La felicidad de tu vida depende de la calidad de tus pensamientos". En este libro se aborda la evolución del pensamiento de la humanidad. Mas concretamente del pensamiento económico. Aunque matizando que la evolución del pensamiento económico responde en gran medida a una "lógica interna" que surge del continuo diálogo entre los economistas de cada generación con los del pasado. Aquí se recogen desde las ideas económicas de los griegos, romanos, cristianos e islámicos, hasta el nacimiento de la Economía como ciencia en Adam Smith. Las ideas más modernas de los neoclásicos y los keynesianos, también son abordadas.

Finalmente, se ofrece un resumen del pensamiento económico reciente. Tal pensamiento económico se considera al posterior a la muerte de Keynes en 1947 y comprende muchos temas. Con la finalidad de ofrecer una síntesis se explican los fundamentos del monetarismo y de las expectativas racionales.

Evidentemente no están ni todos los autores ni todas las escuelas, y quizá exista alguna ausencia o error que espero ir corrigiendo en sucesivas ediciones. Por ello ruego al lector que detecte estas cuestiones que me escriba a cotop@unican.es.

He utilizado libremente aquí materiales de mis libros: *¿Emprendedores o empresarios? De la cooperación natural a la global*, McGraw-Hill (2021) y *Filosofía y Economía* (2024), que se encuentra en estos momentos, en prensa. Tales libros fueron escritos previamente a este y tenían objetivos muy diferentes al aquí propuesto. No obstante, las ideas de algunas escuelas y autores, ya las he plasmado previamente en esos dos libros.

He mantenido la cronología de los autores tal y como han ido surgiendo a lo largo de los años. Sin embargo, del capítulo 6 en adelante se ordenan los capítulos por escuelas y aunque se trata de mantener la cronología temporal a veces no es posible. Así, aunque en el índice aparezcan los autores ordenados por años, en el texto, existe algún caso, en el que el orden de aparición será distinto.

La contribución de este libro va en la dirección de facilitar la comprensión del mundo actual a partir de la historia del pensamiento económico. En esa dirección van algunos capítulos que pueden ser utilizados en los Grados de Economía y Administración y Dirección de Empresas para las asignaturas de cursos introductorios como Habilidades, Valores y Competencias Transversales; y proporcionar una visión introductoria para asignaturas como Historia de la Economía, Historia de las Ideas Económicas, Historia de las Doctrinas Económicas, Historia del Pensamiento Económico e Historia de la Teoría Económica.

Finalmente, este libro va dirigido, por extensión, a todas las personas interesadas en conocer la historia de las grandes ideas en Economía.

Primera Parte
ORÍGENES DE LA ECONOMÍA

Capítulo 2

LA EVOLUCIÓN DE LA HISTORIA DEL PENSAMIENTO ECONÓMICO

En este libro se verá la evolución del pensamiento económico de cada época. Me permitiré partir de las ideas económicas de Hesíodo, Pitágoras, Heráclito de Éfeso, Protágoras, Sócrates, Demócrito, Jenofonte, Platón, Diógenes, Aristóteles, Epicuro, Zenón de Citio y Cicerón, puesto que, en ellas, desde el siglo IX a.C. hasta el II a.C., considero que se encuentra el germen de algunas de las contribuciones más importantes desarrolladas por los pensadores en cuestión.

La historia del pensamiento económico griego abarca los primeros intentos por entender y explicar los fenómenos económicos por parte de los filósofos clásicos de la Antigua Grecia, apareciendo los sistemas más abstractos de pensamiento económico. Los intentos fundamentales de los filósofos tuvieron lugar en el siglo V a.C., con obras como la de Aristóteles, *La Política*, y la de Platón, *La República*. Estas obras abarcaron temas como el intercambio, el dinero, la propiedad, las relaciones entre el Estado y el mercado, la distribución de la renta, el valor, el precio y la producción. Durante el periodo helenístico, se produjeron grandes avances en la actividad económica, como el uso generalizado de la moneda, la figura de los banqueros y la aparición de grandes comerciantes.

La Edad Griega fue un periodo de la historia de la humanidad que comenzó alrededor del año 800 a.C. y duró hasta el año 146 a.C., cuando la región fue conquistada por los romanos. Durante esta época, los griegos desarrollaron una cultura rica y diversa, con el surgimiento de la democracia, la filosofía y la literatura.

La economía de la Antigua Grecia se basaba en tres grandes actividades: la agricultura, el comercio y la artesanía.

El pensamiento económico griego se remonta a los filósofos griegos como Hesíodo, Pitágoras, Heráclito de Éfeso, Protágoras, Sócrates, Demócrito, y Jenofonte, quienes estudiaron y analizaron temas relacionados con la actividad económica. Estas temáticas tratadas por los pensadores griegos están relacionadas con la actividad comercial que tuvo un incipiente desarrollo durante los siglos IX y II a.C.

Hesíodo fue uno de los primeros en analizar y reflexionar acerca de los procesos espontáneos de cooperación social. En el siglo VIII a.C. expresó la idea de que la escasez siempre está presente en las acciones humanas y es la razón por la que debemos asignar eficientemente los recursos disponibles. Además, mencionó el tipo de competencia que suscita la emulación al que llamó "buen conflicto" y lo consideró como una fuerza emprendedora esencial.

Pitágoras fue una figura importante en las Matemáticas, la Aritmética y la Geometría. Al tratar la actividad económica de la antigua Grecia sugirió el concepto de armonía que ha de darse al igual que en la naturaleza también en la actividad comercial, el intercambio de recursos y la organización del trabajo.

El legado cultural griego también inspiró el pensamiento platónico y aristotélico, aunque con notables diferencias. Platón y Aristóteles fueron los primeros en conceptualizar de manera sistemática aspectos económicos de la vida en la "polis" griega.

Por tanto, el origen del pensamiento económico moderno tiene su inicio en la Antigua Grecia.

La Edad Romana es el periodo de la historia de la humanidad comprendido entre el año 753 a.C. (fundación de Roma) y el año 476 d.C. (caída del Imperio Romano de Occidente). Durante este periodo, Roma se convirtió en una gran potencia que abarcó gran parte de Europa, el Norte de África y el Oriente Próximo.

Abordaré el pensamiento de los romanos, principalmente Justiniano, y los primitivos cristianos, San Ambrosio y San Agustín. Con la caída del Imperio Romano y la llegada de los bárbaros se propicia la llegada de la influencia del islam hasta el siglo XIII. En este caso resumiré las ideas de los que considero más relevantes: Ibn Jaldún, Averroes y Maimónides.

La caída del Imperio Romano da paso a la Edad Bárbara que se refiere a un periodo en el cual no se desarrollaron las artes y las ciencias, y el avance de la tecnología fue mínimo. Esto se debió a que la mayoría de los pueblos invasores no estaban interesados en la cultura sino en la conquista. La transición de la barbarie al Medievo se produjo gradualmente, a través de un proceso de cambio político, social, económico y religioso.

Se considera que el comienzo del Medievo se produjo con la caída del Imperio Romano en el siglo V, cuando los estados feudales comenzaron a surgir en Europa. Estos nuevos estados estaban gobernados por señores feudales y construidos sobre una estructura feudalista. Esto significaba que la sociedad estaba organizada en estamentos y que los señores feudales ejercían su poder sobre sus súbditos. Esta estructura social otorgaba una mayor estabilidad y seguridad a los ciudadanos. Se produjeron también cambios en el ámbito religioso, con la expansión de la Iglesia Católica Romana a través de Europa. Esto significó la adopción de una nueva fe cristiana y la adopción de principios morales y religiosos que otorgaban a la sociedad un sentido de unidad y cohesión.

Estos cambios contribuyeron a una mayor estabilidad política y social, lo que permitió el desarrollo de la cultura y la economía en el Medievo.

La Edad Media es el periodo de la historia de la humanidad comprendido entre la caída del Imperio Romano de Occidente (476 d.C.) y el descubrimiento de América (1492 d.C.). Durante esta época predominó el feudalismo como organización social.

El pensamiento económico en la Edad Media se centró en cuestiones éticas como la pobreza y la filosofía escolástica, y desarrolló el feudalismo y el mercantilismo. Los pensadores eclesiásticos del Medievo consideraban al dinero como algo estéril en sí mismo, ya que pensaban que el dinero no creaba nada.

La agricultura y la ganadería experimentaron un gran auge porque ya no sólo se recolectaba para consumir, sino para producir y vender. En cuanto al dinero, se consideraba como una medida artificial de valor de las cosas y como algo con un valor intrínseco.

Resumiré en este libro el pensamiento económico de los siglos XIII-XV. Las ideas económicas de esta época tienen la peculiaridad de que se ajustan bastante bien a los problemas empresariales del capitalismo comercial. A medida que surgen nuevas realidades, o se plantean nuevos problemas en la práctica comercial, se van buscando las respuestas adecuadas. Se puede decir que en esta época la evolución del pensamiento económico discurre en paralelo a la evolución del sistema económico.

La Edad Renacentista fue un periodo de la historia de la humanidad comprendido entre los siglos XV y XVII. Durante esta época, la cultura pasó de los monasterios a las calles, se desarrollaron los ideales del movimiento humanista, se produjeron grandes descubrimientos científicos y aparecieron los primeros mecenas.

El Renacimiento fue un amplio e importante movimiento cultural producido en Europa que sirvió de transición entre el Medievo y la Edad Moderna, trayendo consigo una profunda renovación del pensamiento, las artes y las ciencias. Se caracterizó por el retorno a las raíces grecolatinas clásicas de Occidente, lo cual significó una revalorización de sus mitos, sus discursos y su filosofía. El mecenazgo permitió a los artistas incursionar en temáticas no religiosas.

El Renacimiento tuvo lugar al término de la Edad Media, a partir del siglo XV, y fue el momento en que grandes artistas como Botticelli, Leonardo da Vinci, Rafael y Miguel Ángel realizaron sus obras.

En esta época renacentista los autores escolásticos consideraban a la Economía Política como parte de la ética y las leyes, y su objetivo era determinar las reglas de justicia que dirigen las relaciones sociales. Según Santo Tomás de Aquino, ellos distinguían dos tipos de justicia: la justicia distributiva, la que regulaba la distribución de la riqueza y el ingreso, de acuerdo a la posición del individuo, en la sociedad, y la justicia conmutativa, que se aplicaba a los acuerdos recíprocos entre individuos, esto es, al intercambio de bienes y servicios.

La escolástica surge por la necesidad de combinar las doctrinas de la Iglesia con los fundamentos de le economía feudal.

Dentro de los autores escolásticos destaca la Escuela de Salamanca, que fue una escuela de pensamiento económico en diversas áreas que tuvo lugar en el Renacimiento del siglo XVI, a través de un grupo de profesores universitarios españoles, especialmente teólogos, a raíz de la labor intelectual y pedagógica de Francisco de Vitoria en la Universidad de Salamanca. Esta escuela se caracterizó por su amplio abordaje de temas, como la Teología, la Moral, el Derecho y la Economía.

Más adelante me ocuparé de los "arbitristas" o "mercantilistas" de los siglos XVI, XVII y XVIII. Esto me permitirá establecer la comparación entre dos enfoques: el enfoque de los moralistas cristianos y el de los "hombres de negocios" de la época, representados fundamentalmente por los mercantilistas. Como se verá en su momento, los primeros, como Francisco de Vitoria, Martín de Azpilcueta, Domingo de Soto, Luis de Molina, y otros autores de la Escuela de Salamanca, aparentemente aislados en sus "torres de marfil" universitarias, llegaron a percibir el funcionamiento del "sistema mercantil" con mucha más claridad que los segundos.

No es posible decir lo mismo del pensamiento económico, mucho más "consolidado", que empieza a desarrollarse a finales del siglo XVIII, sobre todo a partir de Adam Smith y los clásicos. Con Smith y los autores clásicos, Robert Malthus y David Ricardo, la Economía se consolida como una disciplina científica autónoma y empieza a seguir un rumbo que no siempre va en paralelo a la realidad económica de su tiempo. Puede decirse que el desarrollo de la Economía, como Ciencia Económica, a partir de Smith, primero con la escuela clásica, a lo largo del siglo XIX, después con la neoclásica, la keynesiana, la síntesis neoclásica-keynesiana, la monetarista y la de expectativas racionales, a lo largo de los siglos XX y XXI, ha seguido una pauta muy marcada por la "lógica interna" de la disciplina.

Lo que quiero decir con esta referencia a la "lógica interna" de la Economía es lo siguiente. Los economistas investigan ciertos fenómenos, se hacen preguntas sobre ellos y buscan respuestas a esas preguntas. Algunas veces las respuestas son buenas y otras no tanto. Muchas cuestiones quedan sin resolver. Esto da lugar a un diálogo continuo entre los economistas del presente y los del pasado. Esa es la "lógica interna" del pensamiento económico que continuamente lleva a replantearse antiguas preguntas, a buscar nuevas respuestas y a plantear preguntas nuevas. Pero este camino no siempre discurre en paralelo a los hechos y los problemas económicos reales de cada momento. En general, podría decirse que el desarrollo del pensamiento económico a lo largo de los siglos XIX, XX y XXI responde más a esa "lógica interna" que a la evolución de la economía real o "sistema económico". Esto ha dado lugar a que durante mucho tiempo la Economía haya ignorado muchas cuestiones relevantes. Por ejemplo, la figura del empresario, en Economía está convertida en una especie de marioneta que tiene muy poco que ver con el empresario de verdad.

Capítulo 3

EL PENSAMIENTO ECONÓMICO EN LAS ANTIGUAS SOCIEDADES GRIEGAS, ROMANAS Y CRISTIANAS

Los antiguos pensadores griegos, romanos y primitivos cristianos no concibieron enteramente la idea del mercado como mecanismo autorregulado, ni el cobro de interés por los préstamos de dinero, ni muchas otras cuestiones que contribuyeron al avance del análisis económico como saber científico, desde la "mano invisible" de Adam Smith, hasta los últimos avances en la teoría del equilibrio general competitivo. No obstante, aquellos primeros pensadores deberían hacernos reflexionar sobre la Ciencia Económica que hoy realizamos y la actividad económica que actualmente practicamos.

1. LOS GRIEGOS

Aunque la actividad empresarial, como el trabajo en general, no estaba muy bien valorado entre los pensadores griegos, algunos de ellos se ocuparon, de una manera puramente especulativa, de cuestiones económicas que sin duda serían de vital importancia para los empresarios –básicamente agricultores y comerciantes– de su tiempo.

Hesíodo (700-640 a.C.)

El poeta Hesíodo, de la antigua Grecia, escribía *Teogonía* en la que relataba la genealogía de los dioses de la mitología griega y el poema *Trabajos y días,* obra en la que había, según Rothbard (2022), dos verdades universales: el trabajo como destino universal de las personas y, la capacidad y disposición de las mismas a trabajar. La sabiduría para Hesíodo está en una vida de honesto trabajo y ataque a la ociosidad, a la usura y a la injusticia. En *Trabajos y días* considera el trabajo como origen de todo bien. A Hesíodo que vivía en Accra, lugar duro para vivir, muy frío en invierno y muy caluroso en verano, le preocupaba la escasez de recursos respecto a los ilimitados fines y deseos de las personas, por eso la mayor parte de los versos del poema *Trabajos y días* los dedica a la escasez, a recomendar el trabajo eficiente y a condenar la holganza.

Pitágoras (569-490 a.C.)

Pitágoras, considerado como el primer matemático, fue un filósofo griego que contribuyó de manera muy importante a la aritmética y la geometría helénica, y con sus aplicaciones se establecieron relaciones con los pesos y medidas que resultaron útiles para facilitar el comercio. Fundó la Escuela Pitagórica que tuvo su influencia en la ética y la política de su tiempo. Aunque no han quedado escritos de Pitágoras, a través de sus discípulos han llegado sus descubrimientos hasta nuestros días. En el ámbito de la actividad económica, social y política, el ser humano había, según Pitágoras, de comportarse con calma y equilibrio. La vida para Pitágoras había de ser vivida, tanto en lo personal como en lo social, con el orden y armonía que nos ofrece el universo. La actividad económica y otras relaciones sociales, como la política, según Pitágoras, pueden ser conceptualizados adecuadamente a través de las Matemáticas y su sentido de armonía.

Heráclito de Éfeso (535-475 a.C.)

Heráclito de Éfeso, defensor de la doctrina del flujo perpetuo, decía que no podemos bañarnos dos veces en el mismo río pues las aguas son distintas. Aseguraba que todo se mueve, todo cambia, y la causa de todos los cambios que se producen en la naturaleza es el fuego, constituyente común de todas las cosas. Además, pensaba que los procesos dinámicos de la naturaleza son factores de conservación de la armonía y estructura equilibrada del universo. Se oponía a su contemporáneo Parménides de Elea (530-460 a.C.) que consideraba el ser algo estático, algo que nunca cambia, que no tiene ni principio ni fin, sino que es inmutable y eterno. Según Rothard (2022), Heráclito introduce el concepto que más tarde adoptarían Platón y el egipcio Plotino, de que la humanidad tiene una existencia real, fáctica y temporal muy limitada. Para él existe una caída de la humanidad respecto a un estado original anterior de perfección y eternidad. Si la persona pasa de la perfección y eternidad original a su estado actual, es porque ha sido despojado de su perfección y eternidad y como tal la existencia en la tierra es la de un ser despojado y alienado.

Esta idea de alienación será desarrollada más adelante por Hegel y por Marx.

Protágoras (485-411 a.C.)

Posteriormente, un filósofo importante fue Protágoras (Grecia). Este filósofo sostenía que no existía la verdad objetiva. Así, desarrolla una teoría de la subjetividad para el bienestar social y respecto a cómo conseguir tal bienestar social. Protágoras creía en la participación social en la toma de decisiones. De este modo, concluía en que son las interacciones entre los humanos y la naturaleza las que van construyendo un cierto subjetivismo y, en alguna medida, el individualismo. Así, señala Protágoras: "Cada uno de nosotros es la medida de las cosas que son y de las cosas que no son". Sin embargo, existe una inmensa diferencia entre un hombre y otro, precisamente en este aspecto decía: "...las cosas que son y le parecen a un hombre diferentes de las que son y le parecen al otro" (Ekelund y Hebert, 2008). Muchos autores consideran a Protágoras un precursor de la teoría objetiva del valor trabajo y de las ideas del individualismo subjetivo. Es curioso como Protágoras a la hora de acercarse a la teoría del valor buscará en el trabajo una medida del valor, anticipándose a Adam Smith, a David Ricardo y a Karl Marx.

Sócrates (470-339 a.C.)

El filósofo griego Sócrates realmente no escribió nada debido a que tenía la idea de que la transcripción del pensamiento a las palabras escritas perdía la esencia del discurso. Sabemos de sus enseñanzas y su método por sus discípulos. Desarrolló y aplicó como método de enseñanza y búsqueda de la verdad la "mayéutica". Este método consistía en responder a las preguntas de sus discípulos con nuevas preguntas para que ellos mismos descubrieran la verdad. Respecto al trabajo y la actividad comercial, Sócrates, al igual que otros filósofos de su tiempo, los consideraba insanos y vulgares. En cambio, ensalzaba la agricultura y la guerra como fuente de riqueza y las más nobles de las artes. Para entender a los filósofos griegos hay que situarse en la antigua Grecia, en donde una pequeña oligarquía de ciudadanos eran grandes terratenientes y disponían de esclavos y metecos, no ciudadanos, para realizar las tareas manuales y comerciales. Siendo Atenas la ciudad griega más democrática, en ella solo un porcentaje muy pequeño, en torno al siete por ciento según Rothbard (2022), eran ciudadanos reconocidos para votar y participar en la actividad política. En palabras de Rothbard (2022): "...en la Atenas del siglo V a.C. no habría más de treinta mil ciudadanos, sobre una población de cuatrocientos mil". Los ciudadanos de Atenas disponían de tiempo para las Artes y la Filosofía. Para debatir y votar, mientras que los no ciudadanos debían trabajar. En aquella época de Sócrates, Atenas había sido liberada de la tiranía de Esparta, que la había conquistado en el 404 a.C. y a Sócrates se le acusó de defender a Esparta. En realidad, Sócrates en sus discursos mantenía el espíritu crítico respecto al mal funcionamiento de la democracia, no la defensa del modelo espartano, con el que también se mostraba crítico. Las acusaciones de simpatizante con la causa espartana llevaron a la condena a Sócrates de tomar cicuta para finalizar con su vida.

Demócrito (460-370 a.C.)

Demócrito, al que habitualmente se le califica como presocrático, fue, sin embargo, contemporáneo de Sócrates. Este autor, en mi opinión, realizó cuatro importantes desarrollos del pensamiento económico.

El primero, está referido a la teoría del valor. Para él el valor económico de las cosas es subjetivo, frente a los valores morales que eran objetivos.

El segundo, que desarrolla en parte al anterior, es el que introduce la idea de utilidad. Así, si el valor económico de un bien es subjetivo, la utilidad derivada del mismo sería diferente para cada persona. Incluso la utilidad de un bien puede llegar a ser negativo en determinados casos, como, por ejemplo, cuando existen excesos.

El tercer desarrollo de pensamiento económico es el de la preferencia temporal en el consumo. Uno puede consumir hoy un determinado bien o en el futuro. Indudablemente para Demócrito siempre vale más consumir un producto hoy que en el futuro, dado que no es seguro que alguien joven llegue a viejo.

El cuarto desarrollo de pensamiento económico está relacionado con la defensa de la propiedad privada. Demócrito observó la propiedad privada en Atenas, frente al sistema colectivista de Esparta, y concluyó que era superior la propiedad privada pues proporcionaba más incentivos al esfuerzo y la diligencia.

Jenofonte (427-355 a.C.)

Además de Hesíodo, Pitágoras, Heráclito, Protágoras, Sócrates y Demócrito, en Grecia, en el siglo IV a.C., algunos pensadores comenzaron a reflexionar sobre las cuestiones económicas más relevantes. Es el caso de varios autores tales como Jenofonte, quien en su tratado *Oekonomicus* (Jenofonte, 1993), trataba de instruir sobre la eficiencia y el liderazgo.

En realidad, Jenofonte era un militar que se aproximaba a la Economía como soldado y discípulo de Sócrates. El tratado *Oekonomicus* es un diálogo socrático con el método de la "mayéutica", a través del cual el interlocutor del diálogo es interpelado para que descubra por sí mismo las verdades. En este tratado relata cómo había de ser la organización y administración adecuada, tanto de cuestiones de naturaleza pública como privada; en la economía doméstica y en la agricultura.

El aprovisionamiento militar y la logística en las campañas de guerra eran descritas con sumo detalle en el tratado de Jenofonte titulado *Anábasis o Expedición de los diez mil* (Jenofonte, 2001). El origen de la palabra logística se encuentra en el término "logistikos", que significa persona diestra en los cálculos o el que sabe calcular. Incluso existían los logísticos como oficiales encargados de abastecer a los ejércitos. A Alejandro Magno se le atribuye la frase: "Mis logísticos son un grupo sin sentido del humor... Saben que, si mi campaña falla, ellos serán a los primeros que mate".

En otro texto, Jenofonte se concentró en la revitalización económica de Atenas en el siglo IV a.C. Este texto se titulaba *La República de los atenienses* (Jenofonte/Pseudo-Jenofonte, 1984).

La creencia de Jenofonte era que el buen liderazgo era la clave para la buena administración. Este mismo autor buscaba el concepto de valor, así como el de riqueza y propiedad. De este modo Jenofonte, refiriéndose al valor de las cosas, señaló cómo una misma cosa puede ser bien o mal. Puede ser un bien si reporta utilidad, y un mal si produce dolor.

Platón (427-347 a.C.)

Platón (Atenas) se interesó especialmente en buscar la relación óptima entre la actividad económica y gobierno. La ciudad como unidad o Estado debería de especializarse y realizar la división del *trabajo*. Para Platón, las fuentes de la riqueza, de la eficiencia, y de la productividad estaban en la especialización y la división del trabajo.

El Estado ideal de Platón según el texto de *La República* (Platón, 2013) se fundamentaba en la administración con sabiduría en el gobierno. Así, los filósofos deberían de ser los gobernantes del Estado ideal. Mientras que los soldados deberían de hacer de guardianes. Las ideas de Platón eran muy racionalistas y poco democráticas. Para Platón la autoridad debía ser impuesta para conseguir un Estado ideal; la propiedad privada debía ser abolida; los niños educados sin sus padres en escuelas del Estado y cada uno debía cumplir con su función para el Estado, ya fuera filósofo, soldado, comerciante, artesano, agricultor o esclavo.

Diógenes (412-323 a.C.)

Diógenes fue el fundador de la Escuela Cínica y practicó la cultura de la miseria hasta el extremo de adoptar la vida de los perros. Diógenes vivía y tenía como hogar un tonel.

Condenaba la actividad económica, la innovación, el crecimiento del conocimiento y el progreso de la humanidad. Así, decía que cuando el héroe mitológico Prometeo robó el fuego a los dioses, estos condenaron a la humanidad a la actividad económica y al amor al dinero, fuentes de todo mal.

Aristóteles (384-322 a.C.)

Aristóteles, discípulo de Platón, es más importante en la teoría económica moderna. Continuó con las ideas del subjetivismo de Protágoras y comenzó a analizar el intercambio entre individuos a diferencia del intercambio del mercado.

El arte de la buena administración se realiza principalmente a través de lo que Aristóteles llama *formas de adquisición*, que él distingue entre "naturales" y "no naturales". Las primeras tienen como objeto la satisfacción de las necesidades humanas y las segundas la consecución de una ganancia monetaria. Esto último no era algo bueno para Aristóteles. Un buen ciudadano griego tenía que disponer de sus propiedades y de algunos esclavos que se ocuparan de ellas, para que él pudiera dedicarse a pensar y a discutir con sus conciudadanos sin necesidad de trabajar. Ese era el mundo de Aristóteles. Desde esa mentalidad, hace una enumeración bastante curiosa de las actividades "naturales". Estas son la agricultura, la caza, la pesca, el pastoreo y ¡la piratería! Sorprendentemente no incluye el comercio en su lista. Pero en su *Política* (Aristóteles, 2015) habla del intercambio como algo necesario para el mantenimiento del Estado-ciudad y en su *Ética a Nicómaco* (Aristóteles, 2019) discute con sumo detalle la equidad de los intercambios. Aquí de nuevo surge la distinción entre intercambio natural y no natural, siendo el primero el que busca la satisfacción de necesidades y el segundo el que busca el lucro por sí mismo.

Aristóteles no dio ningún criterio para distinguir entre necesidad y apetencia de lucro; por tanto, la clasificación de las transacciones en una u otra categoría queda en el terreno de lo subjetivo. Lo que está claro es que a Aristóteles no le parecía muy digno eso de dedicarse al comercio. Está muy bien que haya gente dedicada a la agricultura, la caza, la pesca y el pastoreo, pero el comercio –la actividad fundamental de los "empresarios" del mundo griego– es una actividad sospechosa. Parece que incluso más sospechosa que la piratería, ya que esta se supone que es una actividad "natural". Por sorprendente que esto pueda parecer, seguramente refleja los prejuicios aristocráticos de una sociedad básicamente rural, donde el comercio tiene que ver sobre todo con artículos de lujo importados por gente de dudosa reputación; y donde la piratería es una práctica habitual de guerra –no olvidemos que las ciudades griegas siempre estaban guerreando entre ellas–, una práctica en la que conquistar un botín del enemigo es algo en lo que todo soldado que se precie participa de buen grado.

Aristóteles trata también en su *Ética a Nicómaco* un problema importante que luego adquiría una gran relevancia en la época medieval. El problema se enmarca en su discusión sobre la *justicia conmutativa* y hace referencia a la *equidad de los intercambios*. Se trata de saber en qué proporción se tienen que intercambiar los bienes para que el precio de los mismos pueda considerarse "justo". Aristóteles también enfatiza en su obra *Ética a Nicómaco* nociones importantes de la teoría del valor, que se centran en las relaciones de justicia:

> "Puede representarse esta reciprocidad proporcional de servicios por una figura cuadrada, en la que se combinen los términos opuestos en el sentido de la diagonal. Sea, por ejemplo, el arquitecto A, el zapatero B, la casa C y el calzado D. El arquitecto recibirá del zapatero la obra que es propia del zapatero; y en cambio, le dará la obra que él mismo hace. Si hay desde luego entre los servicios cambiados una igualdad proporcional, y en seguida hay reciprocidad de buenos servicios, las cosas pasarán como ya lo he dicho. De otra manera, no hay ni igualdad ni estabilidad en las relaciones, porque puede suceder que la obra del uno valga más que la del otro, y es necesario igualarlas. Esta regla tiene aplicaciones en todas las demás artes [...]" (Aristóteles en *Ética a Nicómaco*, pp. 144-145).

Del texto anterior puede verse la interpretación que realizó Nicole de Oresme en su comentario de la obra de Aristóteles según Ekelund y Hebert (1998). Según estos autores el pasaje de Aristóteles se convirtió en un tema de continuo examen por los autores escolásticos de la Edad Media. De hecho, estos autores escriben: "A causa de su significado oscuro y de no estar centrado en el mercado, el análisis aristotélico del intercambio entre dos partes no nos acerca mucho a un análisis del precio de mercado".

La figura cuadrada de Aristóteles puede interpretarse como unos ejes cartesianos para el arquitecto A, en donde el origen A crece en dirección a C en producción de metros cúbicos de casas en ordenadas conforme emplea más horas de trabajo en abscisas desde A hacia B. Esto es, la producción de casas conforme a las horas empleadas es el segmento AD. Del mismo modo el origen B del zapatero crece en producción de zapatos en ordenadas en dirección a D conforme trabaja horas en abscisas hacia A. Esto es, la producción de zapatos conforme a las horas empleadas es el segmento BC. El arquitecto trabaja H horas para producir M metros cúbicos de Casas y el zapatero trabaja H` horas para producir Z zapatos. Siguiendo el texto de Aristóteles si las horas de trabajo fueran homogéneas, esto es, H = H´ para el arquitecto y el zapatero, el intercambio se realizaría de modo que el zapatero intercambiaría Z zapatos por M metros cúbicos de construcción. Si no hubiera igualdad proporcional ni estabilidad en las relaciones entre las horas de trabajo del arquitecto y el zapatero, porque puede suceder que la obra de uno valga más que la de otro, es necesario igualarlas, dice Aristóteles. ¿Cómo se igualan? Asignando un valor monetario a cada mercancía. Así, cuando las cantidades monetarias de cada mercancía sean iguales se produce el intercambio. Esta regla tiene aplicaciones en todas las demás artes y nos daría el precio de justicia aristotélico para el intercambio.

El modelo aristotélico del intercambio aislado es esencialmente el que se produce entre dos individuos o dos partes que intercambian de acuerdo con sus preferencias subjetivas sin considerar, en absoluto, el mercado. Sin embargo, el intercambio en el mercado tiene lugar cuando existe un gran número de participantes y todos ellos están informados. Para Aristóteles en su obra *La Política* (Aristóteles, 2015), en el intercambio aislado no existe un precio de mercado, sino un acuerdo. Cuando los intercambios se producen solo entre dos individuos, para Aristóteles será necesario en muchos casos acudir a un árbitro o a un juez. En cambio, cuando los intercambios se realizan entre numerosas personas y participantes, se acaba determinando el propio precio de mercado. Aunque si así no fuera, entonces la justicia habría de resolver de nuevo con un juez el precio justo. Esta argumentación de Aristóteles resulta bastante confusa y ha sido objeto de controversia. Este tema se abordará más tarde cuando se analice la contribución a la Economía de la Escolástica cristiana.

También Aristóteles estuvo interesado en el Estado ideal al igual que Platón (Aristóteles, 2019). Sin embargo, a diferencia de Platón, Aristóteles defendió la propiedad privada para todas las clases.

La defensa aristotélica de la propiedad privada

Aristóteles también nos legó una defensa de la propiedad privada sumamente clarividente. Estos eran sus argumentos.

El primer argumento nos dice que la propiedad privada *permite un mayor progreso de la sociedad,* cosa que podríamos interpretar en el sentido de que la propiedad privada garantiza un uso eficiente de los recursos y evita el despilfarro.

El segundo argumento a favor de la propiedad privada es que esta *contribuye al mantenimiento de la paz social.* Cuando los recursos son de propiedad colectiva o grupal –que no es lo mismo que propiedad estatal–, la gente siempre se queja de falta de proporcionalidad entre lo que cada uno aporta al grupo y lo que recibe del mismo. Lo que hoy llamaríamos "conflictos distributivos" son frecuentes; y eso se evita cuando los bienes tienen un dueño perfectamente individualizado.

El tercer argumento de Aristóteles es también bastante convincente. La propiedad privada, nos dice Aristóteles: *está más cerca de las aspiraciones naturales del hombre* que la propiedad colectiva. Dicho de otra manera, la propiedad privada es algo que surge de manera bastante espontánea en todas las sociedades, sobre todo cuando el territorio se convierte en un bien escaso. Los pueblos cazadores y recolectores se movían continuamente a través de espacios amplios y con una densidad de población muy baja. Los artículos de propiedad *privada* eran básicamente artículos de uso personal: lanzas, flechas, arpones, redes para la pesca, etc. El territorio era normalmente propiedad *colectiva* del clan o de la tribu, pero raramente familiar o individual. Cuando aparece la agricultura, la densidad de población aumenta y los grupos humanos se asientan de manera permanente en territorios bien delimitados. Entonces surge el problema de cómo asegurarse un uso eficiente de los recursos agrícolas. La propiedad *privada,* ya sea familiar o individual, aparece como solución. Naturalmente, la consolidación de esta institución exige la existencia de una autoridad suficientemente fuerte, que sea capaz de resolver los conflictos sobre la propiedad de la tierra. Por eso el régimen de propiedad privada sólo llega a consolidarse plenamente en las sociedades estatales.

El cuarto argumento va en la misma línea que el anterior. Aristóteles simplemente apela a la *experiencia histórica* para decirnos que *la propiedad privada es algo generalizado.* Tengamos en cuenta que la consolidación de la propiedad privada históricamente coincide con el proceso de difusión de la agricultura. Este es el mundo que conoció Aristóteles, y a ese mundo se refería cuando apelaba a la experiencia histórica. Por último, el quinto argumento de Aristóteles es que la propiedad privada *permite el desarrollo de la filantropía.* Este es un argumento que hoy en día podría resultar sorprendente para muchas personas. Sobre todo, para aquellas que esperan que el Estado se encargue de asegurar la felicidad de todo el mundo y resolver todos los problemas. Para esta gente la filantropía es una tarea que compete fundamentalmente al Estado. Aristóteles desde luego no pensaba así. Para él, la filantropía es algo que nos compete a todos. Para ser filántropo –para compartir con los demás–, hay que tener algo que compartir. Sólo el que posee bienes materiales puede compartirlos con los que carecen de ellos. Y nadie puede conocer mejor que uno mismo las necesidades de quienes nos rodean. Tal vez podríamos decir que, para Aristóteles, los individuos particulares saben practicar la caridad mucho mejor que los gobiernos; o bien que los gobiernos no son demasiado eficientes cuando practican la caridad. Esto es algo con lo que muchos de nosotros podríamos estar de acuerdo.

Aristóteles se ocupó también de la teoría del valor. Aristóteles decía:

> "Una cosa es más deseable sí, cuando se añade un bien inferior, hace que el conjunto se convierta en un bien mayor. Asimismo, también debes juzgar por medio de la sustracción: porque la cosa cuya sustracción hace que el resto se convierta en un bien inferior debe considerarse como un bien mayor, independientemente de la razón por la que dicha sustracción convierta al resto en un bien inferior" (Ekelund y Hebert, 2008).

Con respecto a la teoría del valor, Aristóteles señaló: "lo que es raro es que un mayor bien sea abundante. Así, el oro es una cosa mejor que el hierro, aunque menos útil: es difícil de obtener, y por tanto su posesión tiene más valor". En otro texto señalaba: "lo que es a menudo útil supera a lo que es raramente útil" (Ekelund y Hebert, 2008).

Aristóteles también se ocupó del dinero y el interés. Para Aristóteles, el dinero es el patrón de valor y medio de cambio. También el dinero podría ser utilizado como un depósito de valor. Así decía: "si en la actualidad no necesitamos nada, la moneda es para nosotros como el garante de que podremos tener lo que necesitamos, porque el que lleva el dinero debe poder adquirir" (Ekelund y Hebert, 2008). Aristóteles defendía la moneda como medio de intercambio, como depósito de valor, pero no admitía que la tenencia de moneda por sí misma pudiera generar riqueza. La moneda habría de servir para intercambiar bienes. La moneda acuñada permitía, pues, el intercambio, pero no debía de ser un mecanismo para la acumulación de riqueza. La acumulación de riqueza lleva el mal en sí mismo según Aristóteles, puesto que corre el riesgo de empobrecer a muchos para beneficiar a unos pocos. Por eso, Aristóteles condenaba que se cobrara interés por prestar dinero. El uso natural del dinero según Aristóteles era gastar. La acumulación del dinero habría de ser condenada. Para Aristóteles, los préstamos que cobraban interés eran sospechosos; no eran otra cosa que usura. No era natural que el dinero produjera dinero. Nunca comprendió por qué se pagaba un interés por prestar dinero.

Epicuro (343-270 a.C.)

Epicuro se opuso a los peripatéticos y continuó las enseñanzas de Demócrito. Era hedonista. Con un hedonismo basado en un placer modesto y sostenible en "ataraxia", esto es, con tranquilidad y libre del miedo, con aponía o ausencia de dolor corporal. Esto se conseguía a través del conocimiento del mundo y de los deseos limitantes.

Fundó la Escuela Epicúrea que no se dedicaba a la política, pues esta conduce a frustraciones y ambiciones que entran en conflicto con la búsqueda epicúrea de paz mental y virtudes. El hedonismo de Epicúreo hay que entenderlo como ausencia de dolor y miedo, con la defensa de una vida simple y virtuosa, no como búsqueda del placer sin límites.

Zenón de Citio (336-264 a.C.)

Zenón de Citio fundó la Escuela Estoica que contribuyó en los campos de la Ética, la Política y el Derecho Natural. En este último campo plantearon que las leyes naturales, entendiendo por ellas las leyes morales propiamente dichas, como justas y derivadas de la razón humana, están por encima de las leyes positivas promulgadas por cualquier ciudad-Estado. La ley positiva queda sujeta y sometida a la ley natural fruto de la razón humana universal. Los estoicos creían que todo operaba según una ley causa efecto, según una estructura racional del universo. Puesto que no podemos controlar nuestros pensamientos sobre los hechos que ocurren en nuestro entorno. Es por ello que hemos de dominar y controlar los hechos, cosas y pasiones que perturban nuestra vida, a la luz de la razón, con tolerancia y autocontrol, con "eudaimonía", eso es, flexibilidad y buena venturanza, y con sabiduría. Para ellos la virtud es el único bien del ser humano. El estoicismo tuvo un periodo de preeminencia desde el siglo III a.C. hasta el siglo II d.C. Entre sus seguidores estuvo Marco Aurelio.

2. LOS ROMANOS

La civilización griega se extinguió dando paso a la romana. Roma sustituyó a Grecia en el pensamiento del mundo occidental. El desarrollo del Imperio de Roma fue principalmente militar y jurídico. A los primitivos cristianos en la época romana los temas económicos no les interesaron y los rechazaron. Las cuestiones empresariales para los cristianos eran demasiado mundanas como para pensar y reflexionar sobre ellas.

Roma sustituyó a Grecia en el pensamiento del mundo occidental. Como he dicho anteriormente el desarrollo del Imperio de Roma fue principalmente militar y jurídico. Ambos asuntos resultaban de mayor interés para los romanos. Uno puede pensar que un Imperio como el romano necesitaría de expertos en finanzas, en comercio y relaciones internacionales, en cómo administrar las colonias e incluso en cómo planificar la economía. En el sentido práctico estas profesiones fueron introducidas. Sin embargo, los romanos no desarrollaron más que los griegos el aparato analítico de la Economía. Lo mismo se puede decir del Arte y de la Filosofía. En estas materias se alimentaban de la tradición griega. Pocos tenían interés por las cuestiones relativas al análisis económico, sí se preocuparon en cambio por las cuestiones prácticas respecto al comercio, los contratos, la moneda y los préstamos. Sólo la aristocracia política y militar prestaba alguna atención al desarrollo intelectual de la Filosofía y las Artes, pero por mera distracción más que con interés en profundizar en tales materias.

A los romanos les interesaba el Imperio y la política a desarrollar para controlar tal Imperio. El gran logro de la civilización romana es el Derecho. El Derecho Romano que llega con su tradición hasta nuestros días constituye la gran aportación de los romanos a la cultura occidental. Un Derecho para las relaciones entre ciudadanos, el "ius civile" y un Derecho para los no ciudadanos o para las relaciones entre ciudadanos y no ciudadanos, el "ius gentium". En el Derecho Romano se establecen los límites de los contratos, la asignación de las propiedades privadas y se proporciona un marco legal para el comercio y las transacciones.

Cicerón (106-43 a.C.)

Cicerón, estadista, jurista y orador romano, desarrolló los pensamientos del Derecho Natural de los estoicos que influirían decisivamente en los juristas romanos de los siglos II y III de la era cristiana. Este sometimiento de las leyes de los Estados a la ley natural que toma como fuente la razón, acorde con la naturaleza, constante y eterna, le lleva a la conocida parábola anti-Estado que cita Rothbard (2022), con la historia de un pirata conducido a la presencia de Alejandro Magno que a la pregunta de cuál era el impulso que le movía al bandidaje y saqueo, a lo que el pirata respondió: "El mismo que te mueve a ti (Alejandro) a hacer inseguro el mundo entero".

San Ambrosio (339-397)

Los escritos de San Ambrosio señalan que acumular riquezas en esta vida no era importante para ganarse el cielo. El pensamiento económico de los primitivos cristianos era diferente del correspondiente a los romanos. Así, en los textos sagrados de la Biblia se señala que los cristianos deben vender sus posesiones y regalarlas a los pobres. También que deben prestar dinero, pero sin esperar nada a cambio. No solo no cobrar intereses sino incluso no esperar la devolución del préstamo. Incluso las riquezas constituían un claro signo de pecado y el reino de los cielos estaba vetado a las personas con prosperidad económica.

San Agustín (354-430)

Existen indicios de una teoría subjetiva del valor en San Agustín. Así señala:

"Cada cosa recibe un valor diferente proporcionado a su uso... un caballo resulta con mucha frecuencia más caro que un esclavo o una joya más preciosa que una sirvienta. Puesto que cada hombre tiene el poder de formar su mente como desee, hay poco acuerdo ante la elección de un hombre que tiene verdadera necesidad de un objeto y del que ansía su posesión solamente por placer" (citado en Ekelund y Hebert, 2008, p. 26, que a su vez lo toma de la cita de Dempsey, 1935, p. 475).

Para San Agustín, a la luz del párrafo anterior, el valor es subjetivo de cada individuo y lo que para uno puede resultar muy valioso para otro puede no serlo.

A San Agustín, inspirado en los antiguos griegos, le interesaba también la ciudad-Estado como unidad de gobierno. *La Ciudad de Dios* de San Agustín era un ideal regido por leyes divinas y humanas. La riqueza era un regalo de Dios que debía ser repartida y a la que no se debía tener apego. Se podían tener posesiones y realizar actividades económicas con moderación, pues el mundo era imperfecto y requería vivir con lo necesario, fruto del trabajo y del esfuerzo. El dinero para San Agustín era un medio para llevar una vida buena y dedicada a Dios. A los primitivos cristianos los temas económicos no les interesaron y los rechazaron. Los temas económicos eran demasiado mundanos como para pensar y reflexionar sobre ellos. Les interesaba principalmente la moralidad y no encontraron un enlace entre la moralidad y la economía satisfactorio. Por ello no analizaron las cuestiones económicas con profundidad (Schumpeter, 2012).

Como se verá más adelante la propiedad privada, la contratación, el Derecho Mercantil serán las grandes aportaciones de los romanos.

Justiniano (482-565)

El emperador Justiniano realiza el Código en el que aparece la concepción que tenían los romanos del valor:

"Los precios de las cosas no se establecen según el capricho o la utilidad de los individuos sino de acuerdo con la valoración. Un hombre que tiene un hijo por el que pagaría un rescate muy elevado, no es más rico por esa cuantía; ni lo es aquel que posee el hijo de otro hombre por la suma por la que se podría vender a su padre; ni tampoco debe esperar esa suma al venderlo. En las presentes circunstancias se le valora un hombre, y no como el hijo de alguien... Sin embargo, el tiempo y el lugar introducen modificaciones en el precio. El aceite no tendrá el mismo valor en Roma que, en España, ni tampoco será valorado lo mismo en épocas de prolongada esterilidad que en periodos de abundante cosecha" (en *Corpus Iuris Civilis*, citado en Ekelund y Hebert, 2008, p. 26, que a su vez lo toma de la cita de Dempsey, 1935, p. 473).

La interpretación de la teoría del valor en este Código de Justiniano es ambivalente. Es subjetiva al considerar el valor en función de la insatisfacción o infelicidad que le provoca a un padre la privación de su hijo. Sin embargo, trata de ser objetiva al entender que a tal hijo ha de valorarse como a un hombre más en el mercado de esclavos. Admite, también, una interpretación objetiva al considerar las modificaciones del valor debidas al tiempo y al lugar. El caso del aceite refleja el valor en función del lugar y de la escasez. Se valora más lo que es más escaso que lo abundante. Por ello, no puede hablarse de una teoría del valor propiamente dicha como en el caso de Protágoras y Aristóteles.

En Roma las monedas eran acuñadas en casas oficiales de moneda (las cecas). No sólo en Roma y en Cartago, también en España disponían de diferentes cecas en Elche, Carmona, Játiva y Coria del Río. No obstante, solo Roma podía acuñar monedas con metales preciosos, con alguna excepción para la plata en las provincias orientales. Roma impedía además que se utilizara otro sistema distinto al romano para los pesos y medidas en sus provincias.

La moneda romana representó una gran dinamización de los intercambios y del comercio. Aunque existía alguna casa de cambio se aceptaban las monedas antiguas y de otros países utilizando equivalencias de cambio en el valor del metal de cada moneda.

Los préstamos y el cobro de unos intereses de aproximadamente el diez por ciento anual fueron habituales para los romanos. Incluso tenían una especie de hipoteca para los barcos que les permitía obtener un préstamo con la garantía del propio barco. Desarrollaron muchas figuras contractuales en torno a los préstamos y las garantías correspondientes. Si el prestatario no pagaba, el prestamista podía apropiarse de sus bienes e incluso tomarlo como esclavo. El comercio era libre. Ya desde el siglo I a.C., en Roma, competían los pequeños campesinos entre sí y con los grandes terratenientes en los mercados de los productos agrícolas tanto interiores como exteriores. A las provincias y a otros países les exportaban principalmente aceite y vino.

La figura del arrendamiento de tierras a otros ciudadanos o al Estado se fue generalizando por los romanos al mismo tiempo que promovieron el uso de molinos de agua y de viento, de prensas de aceite más modernas, de la utilización de abonos y de mejoras en los sistemas de regadío.

Los impuestos en la época de Roma proliferaron de una forma espectacular. Había impuestos por vivir en Roma, por perder juicios, por utilizar terrenos públicos como pasto para el ganado y por arrendar tierras públicas para el cultivo. Sin embargo, quienes más pagaban eran las provincias con dos impuestos principales: el impuesto territorial (*Tributum Soldi*) y el impuesto per cápita (*Tributum Capitis*). Todos los propietarios de bienes raíces (ya fueran romanos o no) habían de pagar el impuesto en proporción al valor de la propiedad. Había impuestos directos como el impuesto per cápita que había de ser pagado solo por los provincianos, ya que los ciudadanos romanos estaban exentos. Además, para los provincianos había todo un rosario de impuestos indirectos, por ejemplo, impuestos por transporte de grano, impuestos por liberación y venta de esclavos, derechos de aduana. Estos impuestos indirectos eran recaudados por compañías o empresas privadas de "publicanos".

Por otro lado, las ciudades también se quedaban con una parte de los impuestos recaudados para Roma con la justificación de financiar sus propios gastos. De nuevo aquí se contrataban a las compañías privadas para que realizaran la recaudación. Había un sistema de adjudicación en pública subasta para los servicios recaudatorios a realizar por las empresas privadas de "publicanos". Al parecer los "publicanos" abusaron de su posición recaudatoria y también algunos gobernadores de provincias. La razón es que una gran parte de los gobernadores eran senadores y por ello no tenían que rendir cuentas a nadie de su gestión, a no ser que fueran denunciados por alguien y tuvieran que explicar sus actuaciones en los tribunales. Como los senadores tenían mucho poder raramente se les denunciaba en los tribunales.

Los impuestos se empleaban principalmente en financiar obras públicas y en pagar a las legiones romanas. No había gastos sociales de ningún tipo. También se obligaba a los campesinos a alojar y alimentar a las legiones romanas a su paso. Si Roma necesitaba más ingresos se recurría a la guerra y a la invasión de alguna región nueva. Se obtenía de este modo un buen botín con el que financiar los gastos del Imperio. Cuando el Imperio Romano dejó de conquistar y pasó a estar a la defensiva de los pueblos bárbaros, los ingresos extraordinarios no fueron posibles y entró en bancarrota. La crisis fiscal derivó en una crisis económica y política que debilitó fuertemente los cimientos del Imperio Romano. Probablemente esté aquí una de las principales causas de la caída del Imperio Romano.

Los romanos tenían unos intereses económicos debido esencialmente a su estructura social. La forma de prosperar era acercarse a la aristocracia política y militar que constituían el poder dominante. Esta aristocracia despreciaba las actividades de los comerciantes, artesanos, campesinos y esclavos. Para medrar mejor incluso algún ciudadano libre se ofrecía como esclavo a un aristócrata con la esperanza de ganarse sus favores y que le hiciera prosperar.

Evidentemente a los romanos no les interesaban las cuestiones, para ellos mundanas, como los inventos. Un ejemplo es la historia que cuentan de un hombre que inventó un cristal muy robusto, prácticamente irrompible. El inventor vivía en la antigua Roma de Tiberio y decidió presentar a su gobernante su invento. Tiberio le preguntó al inventor si alguien más conocía la fórmula para fabricar el maravilloso cristal. El inventor respondió que nadie más que él mismo conocía la fórmula. Tiberio, una vez recibida la respuesta, lo mandó decapitar. Al parecer el argumento de Tiberio para matar al inventor y olvidarse de aquel preciado cristal fue: "... para que no se reduzca el valor del oro al valor del barro". A Tiberio le interesaba más mantener el valor de la moneda que los inventos e innovaciones que podrían hacer peligrar el oro como medio de cambio y con ello las arcas del Imperio.

El pensamiento económico de los romanos está únicamente en lo que se transmite en el cuerpo jurídico. En definitiva, la justicia es el aparato intelectual en el que reside todo lo económico, aunque se debe decir que no hay análisis económico propiamente dicho, ni ninguna otra contribución destacable.

Como pueblo pagano, tomaron a las deidades griegas adaptándolas a su idiosincrasia y creían en la predestinación. Al creer en "la predestinación" no creían en el "libre albedrío", por ello no debían de ganarse el cielo con sus acciones y podían acumular riquezas y cobrar intereses por los préstamos que otorgaban. Aunque existía un Derecho Natural no era impedimento pues todo era juzgado por otros hombres.

Para las antiguas civilizaciones de Mesopotamia (hoy Irak y la zona limítrofe del norte-este de Siria), Egipto, India y China, la Economía no se separaba de lo social y lo político, de la buena administración, de la búsqueda de un cierto Estado ideal y del bienestar de los ciudadanos.

Para la mayor parte de los antiguos griegos, que hemos mencionado anteriormente, la Economía se desenvolvía en un marco de análisis antropocéntrico y administrativo. Percibieron los valores subjetivos, la ciencia social que había en la Economía, los valores microeconómicos de las unidades básicas de consumo (las familias) y de producción (las empresas); los valores macroeconómicos del bienestar y la autosuficiencia del colectivo de su ciudad-Estado. No concibieron enteramente la idea del mercado como mecanismo autorregulado, ni el cobro de interés por los préstamos de dinero, ni muchas otras cuestiones que contribuyeron al avance del análisis económico como saber científico.

Los romanos eran esencialmente prácticos y contractualistas, cobraron por los préstamos un cierto tipo de interés y desarrollaron figuras jurídicas para el desarrollo del comercio internacional. No avanzaron en el aparato analítico de la autoorganización del mercado, que se intuía en Aristóteles, lo que luego sería la "mano invisible" de Adam Smith.

No obstante, aquellos primeros pensadores y sus preocupaciones deberían hacernos reflexionar sobre la Economía que hoy realizamos.

Capítulo 4

LA CAÍDA DEL IMPERIO ROMANO, LOS BÁRBAROS Y EL ISLAM

En el año 476 muere el último emperador romano, el Imperio fue invadido por los bárbaros y el comercio colapsó durante siglos. Gran parte de los puentes, calzadas, edificios y obras de ingeniería fueron desapareciendo, y con ellos el tejido económico que unía con comercio a los diferentes pueblos.

1. LA CAÍDA DEL IMPERIO ROMANO (476)

La decadencia de toda la civilización occidental llegó con la caída del Imperio Romano y con la invasión de los bárbaros, los pueblos pasaron a ser gobernados localmente, conforme a una actividad económica de subsistencia. Así llegó una época oscura desde el año 476 hasta aproximadamente el año 700. La caída del mundo occidental coincide con la prosperidad del mundo oriental.

La civilización romana se extinguió dando paso a la islámica. Bagdad sustituyó a Roma en el pensamiento del mundo occidental.

El desarrollo del islam fue en todos los ámbitos, militar, literario, científico, filosófico y artístico. Aunque Alá fuera omnisciente y omnipotente y lo supiera todo, existía una tradición de "libre albedrío" para que el hombre islámico reconociera la responsabilidad de sus acciones y pudiera ser castigado o recompensado en la vida posterior. A diferencia de los griegos y los romanos –hasta el emperador Constantino– los islámicos no creían en "la predestinación". Además, las creencias de los seguidores del islam no les permitían pedir préstamos, ni prestar y cobrar intereses. Estas diferencias no parece que tendrán consecuencias en el desarrollo económico y comercial del islam.

2. EL ISLAM (700-1200)

El islam se fue expandiendo a partir del año 700 y hasta aproximadamente el año 1200. Los árabes recuperaron y preservaron la sabiduría de los griegos y además introdujeron la sabiduría y cultura hindú en occidente. El Imperio del islam llegó desde España y sur de Francia en Europa a las fronteras con China. Las aportaciones en el terreno científico del islam llegan desde la introducción de los números árabes, más sintéticos que los romanos, hasta la Medicina, la Astronomía y la Economía. La religión islámica prohíbe la realización de préstamos con otros seguidores de Alá. Ya desde la antigüedad los seguidores del islam leyendo los textos sagrados encontraron el modo de salvar esta prohibición en el relato de un viaje de Mahoma con su mujer en una caravana por el desierto en el que se financiaron con un contrato llamado la "musharaka". Mahoma y su mujer llegaron a un acuerdo con el jefe de la expedición por el que aportarían su trabajo y con ello financiarían su viaje. La "musharaka" es un contrato de riesgo compartido. Las partes dividen entre sí los riesgos que de la aventura o negocio se derivan. Las instituciones financieras islámicas se desarrollaron a partir de contratos o convenios participativos ("musharakas"), por los cuales un parte aportaba el capital y otra aportaba el trabajo para llevar a cabo un negocio. Los ciudadanos no islámicos que querían emprender un negocio iban a un prestamista y pedían un préstamo que devolvían con intereses. Los islámicos compartían el negocio, según lo convenido con anterioridad entre las partes se repartirían las ganancias o pérdidas si las hubiera. Además, si hubiera pérdidas y si tal pérdida fuera provocada por uno de los contratantes, esto es el trabajador o capitalista, enteramente habrá de ser soportada por quien la originó. En el contrato islámico la parte que ponía el capital no podía interferir en el negocio del trabajador, pero si opinar sobre el desarrollo del negocio. Si un islámico quería comprar una casa hacía con el capitalista un contrato de arrendamiento con opción a compra, de modo tal que lo ya pagado en concepto de alquiler se consideraba como aportación de capital a la compra de la casa. Era una especie de la figura que hoy conocemos como "leasing". Los bancos islámicos hoy siguen sin prestar y sin cobrar intereses. Además, han de cumplir los preceptos del Corán y el dinero de los bancos no ha de tener usos indebidos conforme a la religión musulmana como en la antigüedad.

Averroes y Maimónides vivieron en la misma época y adoptaron la tradición analítica aristotélica para la interpretación del islam y de la doctrina del Talmud respectivamente, ya que Averroes era islámico mientras que Maimónides era judío. Los dos fueron desplazados por la intolerancia de los fundamentalistas almohades.

Averroes (1126-1198)

Averroes (Córdoba), destacó como filósofo e intentó que la ciencia se ciñera a la realidad concreta y particular. Fue más inductivo que deductivo ya que el conocimiento directo de las verdades universales, según él no es posible.

Maimónides (1135-1204)

Maimónides nació en Córdoba, y fue uno de los más importantes rabinos hebreos de todos los tiempos. La familia de Maimónides tuvo que abandonar Córdoba cuando este contaba solo trece años debido a su conquista por los almohades. Desde 1148 Maimónides vive en diferentes ciudades andaluzas hasta que en 1160 se instala definitivamente en Fez. Escribe numerosos libros entre ellos el *Código*, un libro sobre la ley judía que se basaba en la Biblia, la Mishna y el Talmud. En este texto Maimónides defiende la postura tradicional de los israelitas sobre pedir o prestar dinero con intereses. Sin embargo, Maimónides está de acuerdo con cierta relajación de la tradición judía. Así un judío debe prestar dinero a otro judío pobre y no puede reclamarle dinero e intereses, pero sí a un gentil. Un judío puede pedir prestado y pagar un interés a un gentil o a un extranjero y a su vez prestarles a ellos cobrando intereses. Maimónides a estas últimas operaciones no las llama usura las denomina cuasi-usura y de "la mohatra" dice que ni siquiera es cuasi-usura sino solamente doble contrato de venta. Hay que decir que según Grice-Hutchinson (1982) "la mohatra" es posible que fuera creada anteriormente por los judíos y que los islámicos la tomaran como referencia para inventar su "musharaka". El contrato de "la mohatra", que es un subterfugio o estratagema por la cual se cobran intereses de un préstamo, fue aceptado por los rabinos posteriores a Maimónides. Por otro lado, tanto Averroes como Maimónides hicieron grandes avances en Filosofía, Medicina, Historia y Jurisprudencia. Aquellos árabes pusieron en marcha grandes bibliotecas de todo el saber promoviendo la traducción al árabe y al hebreo de los textos griegos. En 1085 se reconquistó Toledo a los almohades y las bibliotecas fueron la base sobre la que se fundó la Escuela de Traductores de Toledo. En esta escuela traductores y eruditos de todo el mundo se ocuparon de traducir y recuperar los textos de los antiguos clásicos. Los antiguos textos griegos fueron traducidos del árabe y del hebreo al latín. Esto serviría para recuperar los tesoros del conocimiento clásicos y para influir en el pensamiento y la filosofía de su tiempo, dando lugar a la Escuela Escolástica de la Iglesia que dominaría el pensamiento occidental otros cuatrocientos años desde el siglo IX al siglo XIV.

Ibn Jaldún (1332-1406)

Ibn Jaldún (Túnez), conocido como Abenjaldún en España, de origen andalusí ya que su familia fue dueña de la Hacienda Torre de Doña María en Dos Hermanas (Sevilla), quizá fue el pensador de su época que más aportaciones haya realizado al campo de la Economía.

La libertad de mercado y la circulación del dinero en un sistema equilibrado fue concebida ya por Ibn Jaldún, aunque no con la precisión de Adam

Smith. En su gran obra *Historia de los árabes*, formuló toda una Filosofía de la Historia. Esta obra está compuesta por siete libros en donde aborda también la historia de los asirios, hebreos, griegos y romanos. Es curioso como Ibn Jaldún percibe que la cohesión lleva a los grupos al poder político, pero tal cohesión contiene dentro de sí la semilla de la caída del grupo, ya que siempre aparecerá otro grupo más fuerte, o de cohesión más reciente que reemplazará al anterior. También observa que cuando una civilización está en su punto más alto de prosperidad y cultura es seguida de un periodo de decadencia y barbarie. Una vez que los bárbaros de nuevo se civilizan, serán conquistados por un nuevo grupo de bárbaros que repetirán el proceso. El grupo de bárbaros puede ser un grupo de insatisfechos o bien bárbaros del desierto y así continuará siempre un ciclo continuo. Ibn Jaldún trató conceptos económicos como la población, la acumulación del capital, el precio, el beneficio y defendió el sistema monetario con valor intrínseco metalista. Aunque la gran aportación de Ibn Jaldún es como historiador con un método racionalista, pues analizaba las civilizaciones externamente, con relatos cronológicos de los hechos, e internamente, con un análisis lógico e interrelacionado de los hechos históricos para ubicar sus consecuencias en el presente y las tendencias en el futuro.

La creencia en el "libre albedrío" de los islámicos a diferencia de la creencia en la "predestinación" de los griegos y romanos, no se puede interpretar con consecuencias económicas. Si los griegos y romanos se expandieron por el mundo como predestinados a construir un Imperio, a los islámicos su creencia en el "libre albedrío", les llevó a intentar ganar el cielo con acciones como la conquista de nuevos territorios y la islamización del mundo.

Los seguidores del islam, al igual que los filósofos griegos y los cristianos antiguos, no fueron capaces de frenar los préstamos y el cobro de intereses. Los musulmanes no pudieron ni conceder o solicitar préstamos con cobro de intereses, sin embargo, los contratos de "compartir riesgos" ("las musharakas") fueron habituales. Del mismo modo ya anteriormente fueron habituales los contratos de "la mohatra" con los judíos. Hasta la llegada de los almohades, los judíos, árabes y cristianos coexistían con tolerancia y realizaban contratos de riesgo compartido que dieron lugar a una cierta prosperidad. La llegada de los almohades, más puritanos, más fundamentalistas religiosos, menos tolerantes con otras religiones y modos de funcionamiento económico fue el inicio de la caída del Imperio del islam. En el Imperio del islam las actividades del comerciante y empresario no se consideraban de prestigio social y el sistema carecía además de incentivos y condiciones institucionales para el desarrollo de la actividad económica.

Capítulo 5
LA ESCOLÁSTICA MEDIEVAL CRISTIANA

La Edad Media, sobre todo a partir del siglo X, no fue ni mucho menos la edad de las tinieblas que con tanta frecuencia quieren hacernos creer. Fue una época muy abierta al cambio tecnológico y a la investigación científica, de tal manera que, a finales del siglo XV, cuando la Edad Media toca a su fin, la civilización europea era ya, seguramente, la más avanzada del mundo. Las Universidades, que son un producto de la Edad Media europea, fueron desde sus comienzos auténticos centros del saber. La Economía también tuvo uno de sus destellos más notables en esta época. En particular, es notable la contribución de la Escolástica cristiana al pensamiento económico de la época. Sobre todo –y esta es la razón por la que destacamos aquí las contribuciones de la Escolástica–, se trata de un pensamiento económico muy "pegado al terreno", muy directamente conectado con los problemas a los que se enfrentan los comerciantes, que, como ya se ha dicho anteriormente, son los emprendedores por antonomasia de esta época.

Por supuesto los escolásticos eran ante todo teólogos, filósofos y moralistas. Ellos enfocan los problemas económicos desde la perspectiva de la Filosofía o la Teología moral. Pero su conocimiento del mundo comercial de su época llegó a ser sumamente penetrante, seguramente mucho más penetrante que el de los funcionarios reales e incluso de los comerciantes, que, dicho sea de paso, no tienen por qué ser expertos en Economía para conocer, desde un punto de vista intuitivo o práctico, el "arte de los negocios".

En las páginas que siguen nos centraremos en cuatro temas básicos del pensamiento escolástico: la doctrina sobre la propiedad privada, la legitimidad del beneficio, la cuestión del precio justo y la cuestión de la usura.

1. LA DOCTRINA DE LA PROPIEDAD PRIVADA

Santo Tomás de Aquino (1225-1274)

En este punto, como en los siguientes, seguiremos básicamente, la doctrina de Santo Tomás de Aquino. Lo que Santo Tomás busca en esta cuestión es como armonizar lo que podríamos llamar "comunismo" de los Santos

Padres según el cual todos los bienes han sido creados por Dios para uso común de todos los hombres –algo concebido como una situación ideal que sólo podría realizarse plenamente en un mundo liberado de la esclavitud del pecado– y la doctrina aristotélica que defendía la propiedad privada en los términos anteriormente expuestos.

Santo Tomás no ve contradicción entre estos dos puntos de vista. Dios ha creado todas las cosas para que todos los seres humanos las utilicen y las disfruten; pero los hombres son imperfectos y están manchados por el pecado, lo que a menudo lleva a algunos a aprovecharse de sus congéneres. Pero Dios también ha dotado a los hombres de ingenio para organizarse eficazmente en el uso de las cosas. Y, el hombre ha instituido la propiedad privada para mejor servirse de ellas.

Es importante señalar que, aunque Santo Tomás reconoce la propiedad privada como un derecho *natural*, no lo reconoce como un derecho *absoluto*. Los antiguos romanos concebían la propiedad como el *ius utendi et abutendi* (derecho a usar y abusar), Santo Tomás no. El derecho de propiedad privada tiene unas limitaciones, ya que la propiedad privada, para él, tiene una función social. En otras palabras, el derecho de propiedad debe estar siempre subordinado al *bien común*.

Santo Tomás entiende la función social de la propiedad en tres sentidos diferentes.

En primer lugar, como un límite objetivo al derecho del dueño, en virtud del cual el "príncipe", como intérprete del bien común, puede establecer impuestos, regular los precios en determinadas ocasiones, etc.

En segundo lugar, como un deber de caridad para con el necesitado. La filantropía de la que hablaba Aristóteles no es sólo una actividad digna de elogio sino un *deber* individual: el deber de compartir con los necesitados.

Finalmente, y, en tercer lugar, como la facultad moral del necesitado a apropiarse de lo que no es suyo en condiciones de "necesidad extrema", aunque esto exige una compensación posterior.

Podríamos decir que los límites que pone Santo Tomás al derecho de propiedad, en esencia, al no considerarlo como un derecho absoluto es algo que está en la filosofía básica de lo que hoy llamaríamos Estado de bienestar. No sólo el moderno Estado de bienestar, gestionado por organismos gubernamentales, sino el "Estado de bienestar" que durante siglos gestionó la Iglesia en la Europa cristiana, manteniendo hospitales, escuelas y centros de atención a los más pobres.

La legitimidad del beneficio

En la doctrina de la Iglesia primitiva existía un fuerte prejuicio contra los mercaderes y contra toda actividad que tuviera el lucro como fin principal. Se podrían encontrar en las Escrituras muchas referencias de esta clase, así como en las obras de los Santos Padres. No obstante, todo esto debe interpretarse dentro de su contexto histórico. Normalmente lo que se critica es el afán de lucro desmedido, o simplemente el hecho de aprovecharse el estado de necesidad o la debilidad de los demás para obtener una ventaja monetaria. A este respecto, es significativa la distinción que hace San Agustín entre el oficio de traficar y el traficante. El oficio de traficar presenta muchas ocasiones para la práctica del fraude y la avaricia. Pero el fraude y la avaricia son vicios del hombre, no de su oficio. El oficio del comerciante no sólo es socialmente necesario, sino que puede ser practicado sin caer en esos vicios. De hecho, la historia del cristianismo primitivo nos muestra que el comercio era una actividad corriente entre los primeros cristianos. El problema que se plantean los moralistas escolásticos es pues el siguiente: ¿hasta qué punto es lícita la ganancia del comerciante? Para responder a esta pregunta, los escolásticos acudieron a dos razones principales: una era la consideración del beneficio comercial como una remuneración por los servicios de transporte asociados al comercio; y otra, el riesgo inherente a la generalidad de las actividades comerciales. Cuando se daban estas condiciones no había ningún problema. El problema surgía cuando la ganancia del intercambio no podía adscribirse a algún trabajo o servicio de naturaleza obvia. En estos casos el criterio adoptado fue el de permitir –declarar lícito– el beneficio siempre que tuviese como objeto el cubrir las necesidades del comerciante y su familia, condenándose por lo general la búsqueda del lucro *per se*.

La cuestión del precio justo

Íntimamente relacionada con la legitimidad del beneficio está la cuestión del precio justo. Una cuestión que prácticamente ha desaparecido del análisis económico moderno en la medida en que la Economía es (o pretende ser) una ciencia *positiva*, centrada en el "mundo del ser" y alejada de todo tipo de juicios sobre lo que "debe ser". Lo cual no impide que los gobiernos actuales regulen salarios y precios de las mercancías más variadas, en nombre de un "deber ser" cuyos criterios sólo conocen quienes toman esas medidas. Los escolásticos eran más honestos y no eludían plantearse abiertamente los problemas morales que a menudo se esconden tras la máscara de operaciones comerciales perfectamente lícitas (es decir, de acuerdo con la ley *positiva*).

Los escolásticos por lo general no pusieron en tela de juicio el derecho del "príncipe" a regular los precios de las mercancías, aunque en general se presumía que esto sólo se refería a situaciones extraordinarias, como por ejemplo una situación de hambruna. Además, en el mundo medieval se admitía la posibilidad de llevar a alguien a un tribunal, ya fuese civil o eclesiástico, por cuestiones relacionadas con precios abusivos. Cuando los precios estaban regulados por la ley, se presumía que el precio justo era el marcado por la ley, pero si los precios no estaban regulados, ¿cuál había de ser la regla?

Santo Tomás, al igual que los demás escolásticos, no especificó nunca una regla precisa para determinar el precio justo. Al tratarse de una cuestión moral quedaba abierta al libre discernimiento de cualquier persona de recta intención. Pero esto no quiere decir que quedase al albur de la mera subjetividad. Santo Tomás proporciona unos principios muy claros para discernir de una manera moralmente recta. En su *Comentario a la Ética de Aristóteles*, establece que el valor de cada cosa depende de *factores objetivos* y de *factores subjetivos*. Entre los primeros está sobre todo la *cantidad de trabajo* empleada en la fabricación de la cosa y entre los segundos la *capacidad de la cosa para satisfacer las necesidades* de la gente.

En base a esta distinción algunos autores han querido ver en Santo Tomás una anticipación de la teoría del valor-trabajo (el valor de una cosa viene determinado por la cantidad de trabajo empleado en su fabricación) y otros una anticipación de la teoría subjetiva del valor (identificando "capacidad para satisfacer necesidades" con "utilidad individual"). En realidad, habría que decir que ni una cosa ni la otra. El precio justo de Santo Tomás se podría interpretar como aquel que permite el mantenimiento de los productores, comerciantes y todos los que intervienen en el proceso productivo, dentro de los niveles de vida convencionales y de acuerdo con los procesos tradicionales de producción. En otras palabras, el que cubre los costes de producción convencionales. Pero no sólo eso: para Santo Tomás, el precio que cubre los costes de producción es también el que representa la *estimación común*, es decir, la valoración que la comunidad hace de cada cosa.

Muchos han querido entender la "estimación común" como algo similar a la utilidad de los bienes, pero, si tiene algo que ver con la utilidad, no sería la utilidad en sentido individual sino *social*, algo sumamente difícil de precisar y de medir. Por eso muchos escolásticos, y Santo Tomás en particular, tienden a identificarlo, simplemente, con el precio de mercado.

La *"estimación común"* es el término que, después de Santo Tomás, utilizarían siempre los escolásticos como criterio referencial para determinar el precio justo de las cosas. Algunos tenderían a identificarlo con el coste de producción, en tanto que otros acentuarían más la identificación con el precio de mercado. Sin embargo, conviene recordar que, para Santo Tomás, se trata de dos lados de la misma moneda. Él no explica por qué, a través de qué mecanismo y/o en qué clase de circunstancias, se alcanza la igualdad entre precio de mercado y coste de producción. Simplemente, la admite como algo obvio. Pero no lo es. De hecho, Santo Tomás deja planteado aquí un problema importante que los economistas tardarían siglos en resolver.

Santo Tomás nos proporciona un ejemplo sumamente instructivo que ilustra este problema. En la *Secunda secundae* (Segunda parte de la segunda parte), cuestión 77, artículo 3, de su *Suma Teológica* nos plantea el caso de un comerciante que llega con una carga de grano a una ciudad donde el grano es escaso y se vende a un alto precio, sabiendo que después de él llegarán a la ciudad otros mercaderes con grano suficiente, lo cual hará que baje el precio. El santo se pregunta si está moralmente obligado el comerciante a revelar esta información a sus clientes potenciales. Su respuesta es negativa: no existe ninguna obligación de justicia, aunque Aquino introduce la salvedad de que sería un acto virtuoso si lo hiciera. Para entender la posición de Santo Tomás, hay que saber que él no está hablando de una situación de hambruna ni nada parecido, en la que hubiera sido moralmente reprobable aprovecharse del hambre de los pobres para obtener una ganancia monetaria. La situación a la que él se refiere es una situación perfectamente ordinaria en la que hay una escasez temporal de una mercancía determinada cuyo precio oscila según las estaciones u otro tipo de circunstancias. En este caso podemos pensar que el comerciante se encuentra ante una contingencia habitual de su negocio: unas veces será el primero en llegar al mercado y podrá beneficiarse de un precio alto y otras veces estará entre los últimos y tendrá que conformarse con un precio que tal vez no alcance a cubrir sus costes de producción. En realidad, habría que pensar que la igualdad entre el precio de mercado y el coste de producción no se produce automáticamente en todas las transacciones. Se trata más bien de una igualdad en términos tendenciales: el coste de producción marca sólo la *tendencia* en torno a la cual oscila el precio de mercado.

Esta idea parece bastante natural y es la misma que mantiene Richard Cantillon, a mediados del siglo XVIII, en su *Ensayo sobre la naturaleza del comercio en general*. Cantillon afirmaba esto como un hecho obvio, sin aportar ningún sustento teórico. Sin embargo, el hecho no es tan general ni tan obvio. Fue Adam Smith, en *La Riqueza de las naciones,* quien por primera vez dio una explicación convincente de esta cuestión. Según Smith, un precio de mercado superior al coste de producción indica la existencia de beneficios extraordinarios, lo cual implica la entrada de nuevas empresas en el sector o bien la expansión de las empresas ya existentes. Aumenta la oferta de la mercancía –con respecto a la demanda de la misma– y el precio baja. Por el contrario, un precio de mercado inferior al coste de producción indica pérdidas –o beneficios inferiores a los habituales en otros sectores de la economía–, con lo cual es de esperar que se reduzca la oferta y aumente el precio. En esto consiste el célebre *mecanismo de entrada y salida* que garantiza la igualdad –en términos de equilibrio tendencial– del precio de mercado y el coste de producción.

Naturalmente, el mecanismo de entrada y salida de Adam Smith presupone la existencia de un *mercado abierto*, cosa que no siempre ocurre. Hay situaciones especiales que hacen que el precio de mercado y coste de producción sean diferentes de manera más o menos permanente. Aquí podríamos hablar de monopolios, bienes exclusivos –por ejemplo, un diamante de gran valor–, etc. Y en eso pensaron también muchos escolásticos que, siguiendo la línea de Santo Tomás, es decir, buscando criterios morales para la determinación del precio justo, identificaron situaciones especiales, que los economistas tardarían mucho en identificar. En este sentido, habría que destacar la labor de los teólogos de la Escuela de Salamanca, de los siglos XVI y XVII, de los cuales nos ocuparemos más adelante.

La cuestión de la usura

La prohibición de la usura es algo que se encuentra en varios textos tanto del Antiguo como del Nuevo Testamento y ha sido interpretada como la prohibición, pura y dura, de los préstamos con interés. La usura no hace referencia al interés en general sino a un *interés abusivo*. Sin duda es verdad que los textos bíblicos, tomados literalmente, pueden inducirnos a pensar que usura e interés son términos sinónimos. Pero para entender esto hay que situarse en el contexto de la época en la que estos textos se escribieron. En la época de Jesús, Galilea era una tierra de latifundios. Y los intereses que se condenan en los Evangelios eran los intereses que cobraban los latifundistas a los trabajadores y pequeños propietarios que se encontraban en situación de extrema necesidad y acudían al prestamista local para resolver una situación de emergencia. Esto es aprovecharse de los demás. Esto es usura. Esto es algo muy distinto del mercado de crédito al que acude una empresa cuando busca financiación para sus proyectos. Pero en la época bíblica, lo mismo que en los primeros siglos de la Edad Media europea, el mercado de crédito era prácticamente desconocido. Cuando empieza a desarrollarse el comercio, sobre todo en las ciudades italianas de los siglos XII y XIII, el panorama cambia y los teólogos escolásticos perciben con toda claridad la naturaleza del fenómeno. Por eso la prohibición del interés en términos generales empieza a matizarse. En algunos casos se considera que el interés está permitido. En otros no.

Santo Tomás explica su posición sobre la usura en los términos siguientes: él distingue entre dos tipos de préstamos, según se trate de bienes consumibles o no consumibles. Los préstamos de bienes no consumibles (tierra, edificios, etc.) generan un usufructo. Por tanto, es legítimo que el prestatario devuelva la fuente (el bien que inicialmente recibió) junto con una compensación por el usufructo. De este modo se mantiene la igualdad entre lo que se recibe y lo que se da. Por eso se considera lícito el alquiler de bienes duraderos.

Los bienes consumibles "desaparecen" en el momento en que son consumidos. Aquí no hay usufructo. Por tanto, el principio de justicia conmutativa

–igualdad entre lo que se da y lo que se recibe– exige que no haya interés. El problema surge en los préstamos dinerarios, ya que el dinero tiene un estatus ambiguo. Depende del uso que se le dé. Santo Tomás parece que lo considera consumible y, en consecuencia, piensa que no es legítimo exigir un interés por los préstamos monetarios.

A pesar de esta posición tan estricta, ya en la época de Santo Tomás se reconocían algunas vías de escape para justificar la existencia de un interés encubierto. Por ejemplo, la formación de *sociedades* entre prestamistas y prestatarios. De este modo los prestamistas se hacían partícipes de la actividad comercial y asumían los riesgos de la misma, con lo cual el interés quedaba justificado. Otra vía de escape fueron los *censales,* que eran préstamos adscritos a ciertos bienes susceptibles de generar rendimientos de algún tipo. Por ejemplo, un préstamo destinado a la mejora de unas tierras o a la tala de un bosque para transformarlo en tierra de cultivo.

Con el tiempo, los escolásticos fueron sistematizando las razones que pueden justificar la existencia de un interés legítimo, no usurario, en los préstamos dinerarios. En este sentido formularon cuatro razones fundamentales.

La primera era el "daño emergente" (*damnum emergens*), es decir, la existencia de un daño o perjuicio de cualquier tipo para el prestamista como consecuencia del préstamo.

La segunda era la "demora" (*mora*), es decir, el incumplimiento del pago en la fecha pactada.

La tercera hace referencia explícita al riesgo (*periculum sortis*), en concreto el riesgo de pérdida de la suma prestada, en su totalidad o en parte.

Finalmente, la cuarta razón era el "lucro cesante" (*lucrum cessans*), es decir, el coste-oportunidad, la ganancia que el prestamista deja de obtener cuando presta su dinero a alguien renunciando a cualquier otro uso posible.

Esta última razón fue la que más tardó en ser aceptada con generalidad. Pero todo esto se entiende fácilmente si se piensa que el desarrollo de los argumentos que justifican el interés va en paralelo a la expansión del comercio y el desarrollo de los mercados crediticios, que es en definitiva lo que nos interesa destacar aquí: cómo la evolución de las prácticas empresariales y el sistema económico en general se reflejan en el pensamiento económico, en este caso, desde una perspectiva teológico-moral. Para concluir este apartado tal vez convenga recordar que el cobro de intereses abusivos –la usura propiamente dicha– sigue estando penalizado en la mayoría de los países de tradición cristiana. Solamente desde una visión sacralizada del mercado libre –la competencia sin restricciones como solución universal para todos los problemas económicos– podría legitimarse la desaparición completa de las leyes de usura: una propuesta que, desde luego, el gran teórico de la competencia, Adam Smith, nunca defendió.

2. IDEAS DE LA ESCOLÁSTICA MEDIEVAL SOBRE EL DINERO

El sistema monetario vigente en Europa durante las edades Media y Moderna (prácticamente hasta mediados del siglo XVIII) fue un sistema basado en el dinero *de pleno contenido* (moneda metálica) con libertad de acuñación y tipos de cambio fijos, aunque con frecuentes intervenciones del gobierno (reacuñaciones forzosas encaminadas a reducir el contenido metálico de la moneda y otras formas de manipulación monetaria).

Nicolás de Oresme (1320-1382)

El principal problema que se plantean los escolásticos en este contexto es el derecho del "príncipe" a devaluar la moneda, esto es, reducir el contenido metálico de la misma. Y quien más claramente expuso los puntos de vista escolásticos en este terreno fue Nicolás de Oresme, el cual escribió una interesante síntesis de las ideas monetarias de su época bajo el título *Origen, naturaleza, derecho y mutaciones de la moneda*. El libro analiza la razón de ser del dinero, el porqué del uso de los metales preciosos, etc., y se plantea la gran cuestión: si el príncipe tiene derecho a devaluar la moneda a su antojo.

Para Oresme el príncipe no está nunca legitimado para proceder de esa manera. Él distingue cinco tipos de manipulación monetaria: alteraciones en la *forma*; en la *denominación*; en el *peso*; en el *material*; y en la *relación entre metales* (caso de los sistemas basados simultáneamente en el oro y la plata). En el fondo, todas estas formas de manipulación son estrategias para la devaluación de la moneda.

Según Oresme, las alteraciones en la denominación ("resellar" monedas para asignarles un valor superior al asignado inicialmente, como ya hiciera Diocleciano en el siglo III para pagar a los soldados de Roma) hacen que todos los precios se eleven, aunque reconoce que las rentas y pensiones previamente fijadas en dinero se reducen en términos reales. Igualmente, las alteraciones de la forma, el peso o el material de las monedas son instrumentos para robar dinero a la gente, reduciendo su poder de compra. Oresme parte de la idea de que toda reducción de la cantidad de oro (o de cualquier otro metal) inicialmente en poder de un individuo por vía recaudatoria es una medida confiscatoria y como tal ilegítima. No parece darse cuenta, sin embargo, de que estas formas de manipulación monetaria, al igual que los cambios en la denominación, tienen efectos inflacionistas.

Con respecto a los cambios en la relación oro/plata, Oresme reconoce que la misma puede cambiar debido a las "fuerzas del mercado" (demanda y oferta de cada metal), desviándose de la relación oficial. Esto puede dar lugar a que la moneda oficialmente infravalorada desaparezca de la circulación, lo cual constituye una anticipación de la llamada "Ley de Gresham". En todo caso, el príncipe no está legitimado para alterar la relación oro/plata, a menos que sea para adecuarla a la relación *real*, que es la que determina las valoraciones "de mercado" de ambos metales. Finalmente, habría que destacar que Oresme reconoce que, en determinadas circunstancias, la devaluación de la moneda puede ser legítima. Se trata de circunstancias excepcionales, como la financiación de una guerra, el pago de un rescate por un príncipe, etc. Serían casos en los que el "bien común" se supone que exige el envío de grandes cantidades de dinero metálico al exterior. En tales casos, Oresme sostiene que la decisión de devaluar no debería tomarla el príncipe por sí sólo sino la comunidad en su conjunto. Aunque no especifica a través de qué mecanismo podría decidir la comunidad. Probablemente pensaría en alguna institución representativa, como los Estados Generales de la Francia de su tiempo.

3. MÉTODO ESCOLÁSTICO

El método escolástico sustituye al método patrístico en la búsqueda de la verdad y la sabiduría en donde residía a su entender el bien perfecto. El objetivo del método patrístico era la hermenéutica o interpretación de las escrituras para encontrar la voluntad de Dios. Sin embargo, en el método escolástico se interpretaba también a la naturaleza, además de las escrituras, pues todo eran signos que había que entender para llegar al conocimiento de Dios. El saber natural pasa a ser relevante, aunque ligado a la fe. Los métodos ya no eran solo deductivos sino también inductivos, experimentales y dialécticos. Se exponía en las escuelas catedralicias un tema a dilucidar con una exposición amplia y detallada. Se iniciaba entre los presentes un proceso de discusión, refutación y reinterpretación. En definitiva, se iniciaba una dialéctica. De esa dialéctica se producía documentación y finalmente se emitía un juicio por la autoridad.

Las escuelas catedralicias coexistían con otras escuelas laicas profesionales para formar a los hijos de los comerciantes y artesanos. Surgieron también escuelas de gramática (Córdoba), de traductores (Toledo), de juristas (Languedoc), de dictámenes (Oxford y Bolonia), y una de las instituciones más importantes que llega hasta nuestros días: la Universidad. En el siglo XII, el papa Clemente III institucionalizó los beneficios eclesiásticos a través de bulas a los clérigos estudiantes que buscaban ciencia, conocimientos y títulos académicos. En el siglo XIII, en el IV Concilio de Letrán, se recomendaba a las catedrales que tuvieran medios para la enseñanza de Gramática y Teología. Incluso Honorio III recomendó por decreto que se enviara a los jóvenes clérigos a estudiar durante cinco años a los centros oficiales del saber: Salamanca, Bolonia, París y Oxford. Estos son los antecedentes claros de la Universidad, aunque hasta el siglo XV se denominó *Studium generale*. El pensamiento crítico del universitario se orientaba a que cada persona con su "libre albedrío" fuera protagonista de su destino temporal mientras viva y eterno después de su muerte. Cinco asignaturas fundamentales habrían de fundamentar el propósito del pensamiento crítico orientado a suscitar la subjetividad incipiente en cada individuo: la liberalidad lectora, el arte de la dialéctica, el uso de la escritura, la actualización de la memoria, el principio de la acción. Además, en la Escolástica se habían de aplicar tres principios prácticos para el estudio: Necesidad de selección, Practicismo y Criterio.

Ante numerosos caminos del conocimiento es necesario seleccionar, acotar y no dispersarse.

El sentido práctico y funcional del conocimiento recomienda que no hay que saberlo todo sino lo que resulta útil y estrictamente necesario para seguir avanzando.

El criterio es necesario para la búsqueda del conocimiento y el criterio unificador de la verdad fue la fe cristiana.

La Escolástica era guardiana de los conocimientos y también del código ético de la sociedad feudal. El texto de Aristóteles sobre el intercambio de mercancías fue probablemente mutilado desde el inicio (Ekelund y Hebert, 2008) y los escolásticos han tratado de descifrar su significado cerca de cuatrocientos años. Sin embargo, los escolásticos se quedaron con la idea de valor y añadieron la noción de equilibrio. Esto es, que el valor está determinado por el coste, por un lado, y por la demanda por otro. Llegaron al precio justo de una cosa utilizando el criterio de estimación común o voluntad de pago. Esta estimación de pago es parecida a la disposición a pagar por un bien que se maneja siglos después en la teoría de la utilidad.

Por otro lado, de forma subsidiaria añadieron que el valor de una cosa también debía ser su coste de producción. Dos criterios que parecen similares a lo que siglos después se llamará "condiciones de competencia". Aunque no de una forma muy precisa como lo haría Adam Smith.

Capítulo 6
LA ESCUELA DE SALAMANCA

Francisco de Vitoria (1483-1546)

Durante el siglo XVI en España se desarrolló un muy elevado nivel de pensamiento económico tal como señala Schumpeter (2012). Francisco de Vitoria, fundador de la Escuela de Salamanca, fue catedrático de Teología en la Universidad de Salamanca, después de haber enseñado en Valladolid. No conocemos la obra escrita de Vitoria, sin embargo, tenemos noticias de sus intentos de reconciliar *la doctrina tomista* con los problemas jurídicos, éticos, políticos y económicos que se plantearon en el Imperio español. Hoy se conocen sus opiniones por los apuntes de clases de sus alumnos.

Martín de Azpilcueta (1491-1586)

Martín de Azpilcueta percibe el mecanismo de conexión directo entre dinero y precios. Observa cómo el oro y la plata procedentes de las colonias americanas españolas están afectando a la balanza comercial española. Con más oro y plata entrando en España los ciudadanos tienen más dinero para gastar y de hecho gastan más. Además, las expectativas son las de aumentar aún más sus ingresos en el futuro con lo cual gastan más aún. La demanda interna no satisface las necesidades de gasto y comienza una demanda de bienes a otros países (principalmente Flandes) en donde los precios son más bajos. Tales países importan cantidades de oro y plata de España y eso hace subir su nivel de precios. Esto es, tales países están importando inflación. De nuevo como estos países tienen más oro y plata demandarán bienes y servicios de otros países y estos de nuevo serán importadores a su vez de inflación. Al final la situación se estabilizará de modo tal que todos los países tengan una balanza comercial sin déficit ni superávit.

La explicación que proporciona Azpilcueta es una explicación de cómo funciona la teoría cuantitativa del dinero, ya que en tal teoría se dice que las variaciones en la cantidad de dinero positivas o negativas se traducen en variaciones de los precios positivas o negativas, siempre y cuando la velocidad de circulación del dinero y el nivel de renta sean constantes o varíen en la misma proporción. No solo eso, sino que también se está anticipando a la teoría de flujo de especies (*species flow*) que David Hume descubrirá dos siglos después.

Domingo de Soto (1494-1560)

Otro de los fundadores de la Escuela de Salamanca fue Domingo de Soto, discípulo de Francisco de Vitoria en París, cuando aquel enseñaba en la Sorbona. En 1520 ocupó la cátedra de Metafísica en la Universidad de Alcalá. En 1532 ganó la cátedra de Teología en la Universidad de Salamanca. Su principal obra fue *De iustitia et iure*, un extenso compendio de los problemas económicos y casos de usura, contratos, intercambios, seguros y alquileres realizados por cristianos, en los que trata de determinar el precio justo siguiendo *la doctrina tomista.*

Vitoria, Azpilcueta y Soto eran más o menos de la misma edad, aunque los dos últimos se consideraban discípulos de Vitoria. Otros autores importantes de la Escuela de Salamanca fueron: Juan de Medina, Diego de Covarrubias y Leiva, Domingo de Báñez, Tomás de Mercado, Francisco García y Luis de Molina.

Luis de Molina (1535-1600)

Luis de Molina proporciona interesantes intuiciones sobre lo que sería la neutralidad del dinero en la teoría clásica. Para este autor la cantidad de dinero no aumenta la riqueza de un país. La riqueza de un país está en las personas, el capital humano, las tierras, las carreteras, los edificios y la calidad de las instituciones.

Obsérvese que autores contemporáneos como Acemoglu y Robinson (2014) hacen mucho énfasis en que los países con instituciones con más calidad (comportamientos inclusivos) tiene mayor prosperidad que países con menos calidad (comportamientos extractivos).

Según Luis de Molina cuando los precios fluctúan arriba y abajo llega un momento en que los mercados tienden a ajustarse. Con ajustes en los precios podría existir pleno empleo de todos los recursos disponibles. Sin embargo, el aumento de la cantidad de dinero no puede aumentar la producción en todos los sectores productivos. Si el dinero aumenta en un sector disminuirá en otro sector y esto quiere decir que no habrá ajustes vía cantidad; siempre y cuando consideremos que los efectos distributivos no sean muy importantes, tal y como se suele suponer en los modelos macroeconómicos.

El problema de la licitud de las transacciones internacionales

Hoy que tanto se habla de la globalización como una gran novedad histórica, quizás habría que recordar que la primera globalización, la primera vez que el mundo estuvo realmente interconectado a través de una red de intercambios que cubría prácticamente todo el planeta, ocurrió en el siglo XVI. Y fue el Imperio español el que logró esta hazaña. Desde principios del siglo XVI hasta finales del XVIII, este Imperio creó una inmensa red comercial que se extendía desde Filipinas hasta el Sur de Italia. Paralelamente, el Imperio portugués creó una extensa red de centros comerciales que surcaban la costa africana y llegaban hasta la India y la costa china. Holandeses, franceses e ingleses lograron también abrirse camino a través de los mares hasta las regiones occidentales de Norteamérica, el Caribe, la India, el Sudeste Asiático y algunos puertos japoneses. Y la moneda que financió todas estas transacciones procedía fundamentalmente de la América hispana. Todavía a comienzos del siglo XIX, el dólar americano tenía como base de referencia para su cotización el oro acuñado en la Nueva España.

La historia de cómo se difundió esta moneda por toda Europa y, a través de Europa, por todo el mundo, es una historia sumamente interesante en la que aquí no vamos a entrar. Nos fijaremos tan sólo en los orígenes de esta historia: la entrada masiva de oro, y más tarde de plata, procedentes de América en la España del siglo XVI, la inflación que esto generó y la difusión de esta inflación por el resto del mundo a través de las transacciones internacionales; y, sobre todo, lo que más nos interesa aquí, que es cómo los teólogos de la Escuela de Salamanca supieron captar la naturaleza de estos fenómenos; cómo llegaron a entenderlos con una claridad que ni los funcionarios reales ni los estudiosos de la economía fueron capaces de igualar en mucho tiempo.

Antes de que los primeros cargamentos de metales preciosos remontaran el Guadalquivir y llegaran al puerto de Sevilla en la primera mitad del siglo XVI, las expectativas generadas sobre los mismos se reflejaban ya en las transacciones financieras. Los mercaderes que acuden a la Feria de Medina del Campo –el Wall Street de la época– giran letras con cargo de las remesas esperadas, y estas letras empiezan a circular como dinero fiduciario. Y esto se refleja en las transacciones internacionales, planteando nuevos problemas a los moralistas con respecto a la licitud de las transacciones internacionales.

Para entender de qué clase de problemas estamos hablando imaginémonos la siguiente situación. Pensemos en un comerciante castellano que importa paño de Flandes. Para pagar la deuda contraída con su proveedor extranjero, el comerciante acude a un cambista en la feria de Medina y realiza la siguiente operación: entrega al cambista una letra que se ha de cobrar en Medina dentro de tres meses por valor de 10 ducados; y, como compensación, el cambista se compromete a pagar la letra que el comerciante ha firmado a su proveedor en Amberes y que también se ha de pagar dentro de tres meses. Pero esta letra tiene una particularidad: no vale 10 sino 8 ducados. Se está intercambiando una promesa de pago de 10 ducados en Medina por una promesa de pago de 8 ducados en Amberes, siendo el contenido metálico de los ducados el mismo en ambas ciudades. ¿Es esto legítimo?

No olvidemos que la perspectiva de un teólogo de la Escuela de Salamanca es una perspectiva moral. Lo que él observa es que ahí se está produciendo un intercambio aparentemente desigual: 10 ducados de Medina por 8 ducados de Amberes. El teólogo se encuentra además con que hay mucha gente que dice que estos intercambios son fraudulentos; que los cambistas se alían y conspiran entre ellos para quedarse con el oro que está por venir.

De hecho, hay funcionarios reales que avalan esta teoría –como atestigua el *Memorial* de Luis Ortiz, un contador de las finanzas reales que en 1558 dirigió este escrito a Felipe II.

En contraste con la creencia más o menos generalizada entre los comerciantes de Medina y los funcionarios reales como Luis Ortiz, los teólogos de Salamanca tienen una visión mucho más profunda y más certera del problema. Ellos se dan cuenta de que los precios en Medina son más altos que en Amberes, es decir, que el oro tiene mayor poder de compra en España que en Flandes. Por tanto, ese intercambio que a primera vista aparece como desigual no lo es tanto. No sólo porque el cambista asume un riesgo en su trabajo que tiene que ser compensado sino por la diferencia entre los niveles de precios de ambas localidades. Aquí está la clave de la legitimidad de la transacción. En el proceso de análisis los moralistas descubren algunas piezas muy importantes de la teoría monetaria que más adelante se expondrán aquí.

La aportación de la Escuela de Salamanca a la teoría monetaria

Tratemos de concretar ahora quiénes fueron y qué aportaron los autores de la Escuela de Salamanca. Cuando hablamos de dicha Escuela nos referimos a un conjunto de autores –teólogos y moralistas todos ellos– relacionados en mayor o menor medida con la Universidad de Salamanca. Entre ellos se encuentran los dominicos Francisco de Vitoria, Domingo de Soto y Martín de Azpilcueta, los jesuitas Luis de Molina, Juan de Mariana y Juan de Lugo y otros muchos.

Uno de los primeros autores de esta escuela, el navarro Martín de Azpilcueta (1491-1586) es importante porque probablemente fue el primero en percibir el *mecanismo directo de conexión entre dinero y precios*. Él observa como la entrada de oro y plata procedentes de América hace que los precios españoles aumenten. En los años de Azpilcueta el oro que viene de América se destina fundamentalmente a financiar las guerras europeas del Imperio español. Se contratan soldados, se compran avituallamientos para los ejércitos, con lo cual crece la demanda de productos nacionales; y esto hace que suban los precios dentro del país. Los comerciantes son los primeros en recibir ese dinero; y con ello expanden sus negocios, los salarios aumentan y todo esto hace que suban los precios de los bienes de consumo. Con estas ideas se puede decir que empieza a articularse la llamada "teoría cuantitativa del dinero".

Azpilcueta, lo mismo que su coetáneo Domingo de Soto (1494-1560), aportaron otra pieza esencial de la teoría cuantitativa del dinero: *los ajustes de los "choques monetarios" a través de las balanzas de pagos*. Ellos se dieron cuenta de que el oro de América no sólo aumentaba los precios en España (creaba inflación), sino que España estaba exportando inflación al exterior. "El oro fluye de América a Flandes, pasando por España, y los bienes en sentido inverso," era su forma de expresar el fenómeno. Los precios aumentan en España y eso hace que la demanda interna se desplace hacia productos extranjeros (principalmente los provenientes de Flandes). España se convierte en importadora neta de mercancías con respecto a Flandes, donde los precios son más bajos, y exportadora neta de mercancías con respecto a América, donde los precios (sobre todo de los bienes de origen europeo que necesitan los primeros colonos) son más altos. El oro fluye en una dirección y las mercancías en la dirección opuesta.

Otras aportaciones importantes de la Escuela de Salamanca podrían ser: 1) la anticipación de lo que muchos años después se conocería como "principio de la neutralidad del dinero", y 2) la llamada "doctrina de *species flow*".

En relación con estas cuestiones Luis de Molina (1535-1600) y otros autores de la Escuela en cuestión proporcionan algunas intuiciones sumamente interesantes.

Una primera intuición es que la cantidad de dinero, por sí misma, no aumenta la riqueza de un país; que la verdadera riqueza de un país está en las personas, el capital humano, las tierras, las vías de comunicación, los edificios y la calidad de las instituciones. El oro que nos viene de América tiene sin duda "efectos distributivos"; es decir, hay gente que se enriquece y gente que se empobrece, pero, en general, no hace que España sea un país más rico o más pobre. Al cabo de un cierto tiempo, el juego de las balanzas de pagos en los distintos países que comercian hace que todas las economías se estabilicen con un nivel de precios más alto que el inicial.

Esta sería la llamada "doctrina de *species flow*" que ya avanzado el siglo XVIII elaboraría en detalle David Hume: un país que tenga déficit en su balanza comercial se verá obligado a saldar sus deudas con el exterior exportando oro; esto hará que suban los precios en el extranjero, con lo cual disminuirá la demanda de importaciones y aumentará la de exportaciones en el país en cuestión, hasta que su balanza se equilibre. Y en un país que parta inicialmente de una situación de precios relativamente bajos y superávit comercial ocurrirá lo contrario: la entrada de dinero en su balanza de capitales hará que suban sus precios, con lo cual sus exportaciones resultarán menos atractivas (bajarán) y sus importaciones crecerán.

Eventualmente, en un "largo plazo" indefinido, se supone que todas las balanzas de pagos tienden al equilibrio con precios superiores a los iniciales. Si pensamos en términos agregados, podemos decir que el dinero es "neutral": se distribuye entre todo el mundo, a través de los intercambios comerciales, alterando los precios, pero sin efectos significativos sobre la capacidad productiva y la riqueza de cada país. Naturalmente, de ningún autor de la Escuela de Salamanca podemos esperar una explicación detallada de todas estas cuestiones.

Luis de Molina tiene una idea "en bruto", que es que el dinero en sí mismo, o los fenómenos puramente monetarios, no nos hacen más ricos ni más pobres. Y esto habría que pensar que es verdad, al menos cuando *todos* los mercados funcionan "como es debido": cuando los precios fluctúan libremente en cualquier dirección llega un momento en que los mercados tienden a ajustarse. Y esto incluye por supuesto los mercados de factores de producción (recursos naturales, capital y trabajo). De modo que, en un sistema de precios libres, cabe esperar que los episodios de desempleo involuntario no pasen de ser pasajeros. Puede haber reajustes en la estructura de precios relativos y por tanto en la distribución sectorial del empleo (efectos distributivos), pero los recursos seguirán siendo los mismos; y, si los dueños de estos recursos están dispuestos a mantenerlos en uso a los precios vigentes –aunque ello implique moverse de un sector a otro–, a la larga siempre habrá "pleno empleo".

Los autores de la Escuela de Salamanca sostuvieron, como la generalidad de los escolásticos, la doctrina del precio justo que ya planteara Santo Tomás en el siglo XIII. Como se dijo en su momento, el precio justo de Santo Tomás se podría interpretar como aquel que cubre los costes de producción; y también como el que refleja la *estimación común*, que es lo mismo que decir, la valoración que la comunidad hace de cada cosa. Al parecer, para Santo Tomás, ambos criterios eran coincidentes; pero esto no tiene por qué ser siempre así, como ya se ha dicho anteriormente. También se ha dicho que el tema tardó bastante tiempo en aclararse.

Aunque los escolásticos salmantinos no llegaron a aclarar por completo la cuestión, sí cabe decir que aportaron algunas luces. Sobre todo, en relación con los casos en que el precio de mercado está por encima del "valor natural" o coste de producción.

La idea de que el precio justo de los bienes viene determinado por la capacidad que estos tienen de satisfacer las necesidades de la gente, fue interpretada de dos maneras muy distintas por estos autores. Algunos de ellos, como Domingo de Soto, interpretaron el precio justo en un sentido muy objetivo, identificándolo con el coste de producción, es decir, el trabajo, el esfuerzo y el riesgo implicados en la venta de los bienes. Por eso, De Soto, a pesar de reconocer que la mayor abundancia de dinero hace que los precios sean más altos en España que en Flandes o en Inglaterra, y a pesar de ser uno de los primeros en anticipar la ya mencionada doctrina del ajuste automático de las balanzas de pagos, percibe que en la actividad de los cambistas hay algo de fraudulento y llega a abogar por la prohibición de los mercados de cambios o divisas. Lo que De Soto intuye en este caso es la existencia de coaliciones de cambistas que intentan manipular en su favor los tipos de cambio, elevándolos por encima de su valor "natural". En otras palabras, De Soto hace referencia a las restricciones a la libre competencia que hacen que el precio de una mercancía –el oro– esté por encima de su coste de producción. En tales casos, De Soto no duda en denunciar que el precio de mercado es un precio injusto.

En contraste con De Soto, la mayoría de los escolásticos tardíos de la Escuela de Salamanca se pronunciaron claramente por una interpretación bastante subjetivista del precio justo, identificándolo, sin más, con el "precio de demanda".

Juan de Mariana (1536-1624)

La misma interpretación "subjetivista" de la estimación común parece encontrarse en una de las figuras más emblemáticas de la Escuela de Salamanca, el también jesuita Juan de Mariana. Según él, la estimación común se basa en los juicios que hacen las personas sobre la abundancia o escasez de las cosas, así como sobre la calidad de las mismas. Y sostiene que los reyes no tienen ningún derecho a alterar estos precios recurriendo a medidas como la devaluación de la moneda. De hecho, Mariana es famoso sobre todo por la denuncia que hizo de la devaluación monetaria en su libro *De mutatione monetae*. El tipo de devaluación llevado a cabo por Felipe III consistía en una reacuñación de la moneda, a través de la cual se reducía el contenido de plata, aumentando el de cobre y manteniendo constante el valor legal de la moneda. La plata así obtenida iba directamente al tesoro real, lo que a su vez servía para financiar las deudas de la corona. La consecuencia de todo esto era un aumento generalizado de los precios. Mariana interpretaba esto diciendo que el precio de las cosas aumentaba por encima de su valor "natural"; es decir, el precio en moneda devaluada se situaba por encima de la estimación común, que sería la relación real de intercambio entre cada cosa y la plata.

Juan de Mariana denunciaba estas prácticas como un auténtico robo: el rey "roba" poder de compra a los ciudadanos. Es lo mismo que hoy se dice cuando se afirma que la inflación constituye un impuesto encubierto. Mariana tuvo problemas con Felipe III y con la Inquisición a propósito de este libro, pero estaba acostumbrado a meterse en estos charcos. Su denuncia del poder absoluto de los reyes en su libro *De rege et de regis institutione*, publicado en Toledo en 1599, en el que defendía la soberanía del pueblo frente a la monarquía de derecho divino e incluso se manifestaba a favor del tiranicidio en determinadas circunstancias, fue quemado por subversivo en el Parlamento de París en 1610, aunque Mariana no era un revolucionario. Su pensamiento político se basaba en una idea muy simple: los derechos de los individuos están por delante de los derechos de los reyes; y esto justifica la necesidad de imponer límites claros al poder real, de tal manera que la sociedad pueda recuperar sus derechos originarios frente a un poder despótico.

Juan de Lugo (1583-1660)

En este sentido destaca sobre todo el jesuita Juan de Lugo (1583-1660). El precio de las joyas, nos dice Juan de Lugo, que es mucho mayor que el del grano, a pesar de que las joyas son mucho menos necesarias que el grano. Esto no es injusto porque la "estimación" del valor de los bienes la hacen tanto hombres prudentes como imprudentes.

Por otra parte, Juan de Lugo destaca que si hay gente suficientemente imprudente para pagar un precio más o menos alto por un artículo de lujo –un artículo que por lo general tiene algo de exclusivo o irrepetible–, no se puede condenar como injusta la transacción.

Capítulo 7
EL MERCANTILISMO

Con el término "mercantilismo" se suele designar un conjunto muy amplio de ideas económicas que fueron expresadas por unos autores muy diversos, que vivieron fundamentalmente a lo largo de los siglos XVII y XVIII, aunque también hay algunos de los siglos XV y XVI. Entre ellos se encuentran nombres españoles, franceses, italianos, ingleses y holandeses, aunque aquí sólo mencionaremos a cuatro. Se trata de un conjunto muy heterogéneo, con intereses muy diversos, aunque todos ellos comparten un núcleo de ideas básicas que se centran en torno a la llamada "doctrina de la balanza comercial favorable." En esencia, la tesis fundamental de esta "doctrina", defendida con argumentos muy dispares, es que la búsqueda del superávit comercial debe ser un objetivo prioritario de la política económica.

Podría decirse que esta tesis refleja un punto de vista diametralmente opuesto al de los autores de la Escuela de Salamanca. Mientras estos últimos enfatizan el mecanismo de ajuste automático de las balanzas de pagos, así como el principio de la "neutralidad del dinero" –el dinero en sí mismo no hace que un país sea más rico o más pobre–, los mercantilistas dan gran importancia al superávit comercial y lo consideran una fuente principal de riqueza.

Adam Smith habla del "sistema mercantil" en referencia a estos autores y los acusa de confundir la riqueza nacional con la cantidad de dinero. Posiblemente no todos los mercantilistas incurrieran en una confusión tan tosca, pero sí es verdad que todos ellos consideraban que un exceso de exportaciones sobre importaciones es algo beneficioso para la economía y que un gobierno que esté interesado en promover la riqueza de su país debe tomar medidas activas para lograr el mayor superávit posible. Y las medidas que proponían eran cosas tales como la prohibición de exportar oro y plata, la concesión de monopolios comerciales con el fin de estimular la producción de bienes de alto valor añadido destinados a la exportación, la penalización fiscal de las importaciones de materias primas y de productos manufacturados, etc.

Para algunos mercantilistas la acumulación de oro y plata (vía comercio internacional) era simplemente la mejor manera de lograr un tesoro capaz de mantener un ejército poderoso, financiar guerras o mantener una corte brillante. Cabe pensar desde luego que unos objetivos como estos también podrían lograrse a través de impuestos no conectados con el comercio exterior.

No obstante, si tenemos en cuenta que en las economías de la época los márgenes de autoconsumo eran muy altos y el stock de dinero en circulación bastante reducido, parece razonable pensar que la única manera *práctica* de incrementar el aumento de la cantidad de dinero era el superávit comercial con el exterior.

1. EL ARGUMENTO DE LA BALANZA DE TRABAJO

Un argumento utilizado por algunos mercantilistas para justificar la tesis de la balanza comercial favorable fue el que podríamos llamar "argumento de la balanza de trabajo".

Thomas Mun (1571-1641)

Este argumento está asociado principalmente a la figura de Thomas Mun, un hombre de negocios asociado a la East India Company, que como se sabe era un monopolio comercial directamente inspirado en las políticas mercantilistas. El título del libro de Mun, *The Wealth of England Through Foreign Trade*, resulta bastante revelador del "espíritu" mercantilista que lo inspira.

Para Mun el comercio exterior es la principal fuente de riqueza de Inglaterra y su argumento en defensa de una balanza favorable resulta bastante verosímil. Para ello hay que centrarse en el caso inglés y hay que adoptar una posición pragmática, sin ninguna pretensión de buscar los mecanismos automáticos reguladores del comercio internacional a largo plazo.

Mun describe en su libro la situación de una economía cuyo motor de crecimiento es el comercio exterior. Pero para mantener ese crecimiento es necesaria la acumulación de liquidez; y esto sólo es posible a través del superávit comercial. Las exportaciones de hoy proporcionan los ingresos necesarios para financiar las importaciones de mañana; y, como las importaciones tienen que crecer continuamente para mantener una producción también creciente de mercancías destinadas a la exportación (textiles, construcción naval y servicios marítimos, etc.), es necesario mantener el superávit comercial tanto tiempo como sea posible.

Mun analiza las distintas partidas de la balanza de pagos inglesa y se da cuenta de que lo importante es que la balanza sea favorable en términos globales, aunque en algún caso particular tenga que ser deficitaria. Lo importante para él es asegurar el mantenimiento de una serie de importaciones vitales (colorantes para la industria textil, por ejemplo) que luego se exportan de manera más o menos elaborada. Y para lograr estos objetivos, se pronuncia a favor de las políticas típicamente mercantilistas: estímulo de las exportaciones de productos manufacturados, restricción de las exportaciones de materias primas, etc. Incluso llega a plantearse si sería beneficioso devaluar la moneda (reduciendo su contenido metálico) con el fin de lograr un mayor influjo de metal procedente del exterior. Al final, se pronuncia en contra de esta medida, aduciendo que no sería conveniente, porque los demás países reaccionarían devaluando también.

Sin duda el análisis que hace Mun de la economía inglesa del siglo XVII es muy realista y muy pragmático. Y su relevancia no se limita exclusivamente al caso inglés. Hemos visto cómo en el siglo XX las economías de Japón, Corea, China y otras economías del Sudeste Asiático se han enfrentado a una situación similar y la han enfocado de la misma manera. En todas estas economías hemos visto cómo el sector exterior ha sido el motor que ha impulsado el crecimiento económico. Y las políticas seguidas han sido muy parecidas a la que proponía Mun. Sin embargo, también hemos visto cómo este tipo de política comercial no puede sostenerse de manera indefinida. Un país no puede mantener indefinidamente una posición acreedora frente al exterior; porque eventualmente la deuda del resto del mundo crecería tanto que su economía se haría insostenible. Al final, el país acreedor se encontrará con una oferta monetaria creciente y no podrá evitar que sus precios aumenten. Mientras que en el extranjero ocurrirá lo contrario. Y eso acabará reflejándose en las balanzas de pagos haciendo que el poder adquisitivo del dinero se iguale en todas partes. Esta es la historia que los escolásticos de la Escuela de Salamanca pudieron ver con claridad desde sus "torres de marfil" universitarias y los hombres de negocios como John Law o Thomas Mun no llegaron a captar –seguramente– porque sus intereses a corto plazo les impulsaban a fijarse mucho en los árboles sin preocuparse por el bosque.

John Law (1671-1729)

Quizás el más destacado defensor de esta tesis sea John Law, un financiero escocés que logró amasar una considerable fortuna en su tierra y que, tras la muerte de Luis XIV, fue invitado a ir a Francia para restaurar las finanzas del estado francés. Más adelante fue nombrado ministro de Hacienda (para lo cual se convirtió oportunamente al catolicismo) y fundó un banco que se encargó de emitir papel-moneda (uno de los primeros en hacer tal cosa). También fundó la Compañía del Missisipi, para promover el desarrollo de la Louisiana, entonces colonia francesa. El banco de Law se dedicó principalmente a emitir billetes y a comprar con ellos acciones de la Compañía. De este modo creó una gran fiebre especulativa, que acabó en un estrepitoso fracaso y llevó a la ruina a muchos inversores. Law tuvo que abandonar Francia y acabó sus días en la República de Venecia.

John Law expuso sus ideas monetarias en el folleto titulado *Money and Trade Considered, with a Proposal for Supplying the Nation with Money*. Lo más llamativo de estas ideas era la propuesta de creación de un banco que emitiese dinero-papel de curso legal dentro del país, respaldado por hipotecas sobre las tierras. Esto, según Law, proporcionaría una mayor estabilidad al dinero ya que él pensaba que el valor de las tierras era más estable que el del oro y el de la plata. El banco concedería créditos hipotecarios respaldados por el valor de las tierras y emitiría billetes. De esta forma se lograría una mayor oferta monetaria que activaría la actividad económica. Parte de los billetes emitidos volverían al banco en forma de nuevos depósitos, dando lugar a un efecto multiplicador sobre la oferta monetaria. Parece que Law creyó que, actuando de esta manera, se lograría un ajuste automático de la cantidad de dinero a las "necesidades del comercio", aunque nunca llegó a aclarar este punto.

Como se ve, el argumento de Law combinaba una tesis de dudosa validez –la tesis de la inflación beneficiosa– con una aportación sin duda importante: parece ser que fue él el primero en formular la idea de que los bancos realmente crean dinero a través de un proceso multiplicador de sus depósitos iniciales.

Richard Cantillon (1680-1734)

Un preclásico destacable del concepto de emprendimiento fue Richard Cantillon, economista irlandés que escribió el libro *Ensayo sobre la naturaleza del comercio en general*. Cantillon hizo una gran fortuna como banquero anticipando la caída del sistema financiero parisino de John Law. Indudablemente se hizo enemigo de John Law, financiero y banquero escocés conocido por su reputación en los duelos entre caballeros. John Law era partidario de aumentar el dinero de la nación para estimular la actividad económica.

Tras la muerte de Luis XIV, la economía francesa estaba estancada y con deflación, y el duque de Orleans, entonces regente de Francia, le encargó a Jonh Law que pusiera en práctica sus teorías. Así John Law fundó el banco privado llamado Banque Generale en 1716 (Cabrillo, 2006). Más tarde este banco se nacionalizó con el nombre de Banque Royale. John Law estuvo al frente tanto de la época privada como de la pública hasta que el banco quebró. La quiebra tuvo su origen en una sociedad de la expansión francesa en la Luisiana, denominada Compañía de Occidente y luego Compañía de las Indias. Las acciones empezaron a subir de valor ante los rumores de esplendorosas ganancias y llegaron a tener un valor casi 40 veces el inicial. La burbuja generada era tal que cuando estalló John Law intentó hacer frente emitiendo billetes desde su banco, con ellos compró títulos para frenar la bajada de cotización. Los títulos no obstante perdieron su valor, la bajada fue del 97% y John Law huyó a Bélgica

(Cabrillo, 2006). Cantillon ya predijo los efectos inflacionistas de aumentar el dinero en circulación y el desastre al que conduciría John Law. No sólo se ganó como enemigos a John Law y sus seguidores, incluído el duque de Orleans, se ganó también un buen número de enemigos que quizá pudieran estar implicados en su muerte en un incendio de su casa. La policía detuvo a los criados por haber acuchillado a Cantillon y provocar posteriormente el incendio para eliminar las pruebas (Cabrillo, 2006).

En un juicio posterior los criados fueron absueltos. Había además un sospechoso en paradero desconocido que había sido su cocinero, Joseph Denier. Este cocinero había sido despedido diez días antes del incendio. Meses después en la colonia holandesa de Surinam, en América del Sur, apareció un misterioso hombre que se presentaba como el caballero de Louvigny. Cuando el gobernador de la colonia se interesó por saber más acerca de aquel individuo el caballero de Louvigny desapareció dejando en el lugar donde se ocultaba documentos de Richard Cantillon. Quizá algún día sepamos si aquel caballero era el cocinero o el propio Richard Cantillon, quien después de fingir su muerte había escapado a América para huir de sus enemigos (Cabrillo, 2006).

La estructura del sistema económico que plantea Cantillon en su obra es jerárquica. Los terratenientes ocupan el lugar superior en el orden económico y social. Los derechos de propiedad privada para Cantillon son esenciales para el buen funcionamiento económico de una sociedad.

Los orígenes de los derechos de propiedad provienen según Cantillon de patrones de localización de los asentamientos humanos y de las actividades económicas. Así los orígenes de los derechos de propiedad nacen en las aldeas, se trasladan y amplían en los burgos y en las ciudades. Con el tiempo señala Cantillon que existe una tendencia a la concentración de derechos de propiedad. Para Cantillon todas las clases sociales dependen para su sustento de la clase de los terratenientes. La demanda de los terratenientes es la que determina, en última instancia, la asignación de recursos de la economía e incluso el tamaño de la población.

Todos los bienes para Cantillon tienen un "valor intrínseco" (coste de producción) y un "precio de mercado". Los valores intrínsecos los contempla como valores tendenciales, pero el precio de mercado no tiene por qué coincidir con ese "valor intrínseco". La tierra es la medida universal del valor. Es lo que se conoce como la teoría del valor-tierra.

Cantillon aborda los determinantes de la cantidad de dinero y de la velocidad de circulación. Así como, los efectos de las variaciones en la velocidad de circulación sobre los precios.

Los efectos de un aumento en la cantidad de dinero sobre los precios pueden variar dependiendo de dónde proceda ese incremento. Si tiene su origen en la producción nacional de oro, los efectos serán esencialmente inflacionistas, aunque Cantillon reconoce también la posibilidad de efectos distributivos. Si el incremento procede del comercio exterior (balanza comercial favorable), Cantillon defiende la existencia de un efecto expansivo sobre la producción y el empleo.

El planteamiento de Cantillon respecto al comercio internacional se aproxima a "la doctrina del flujo de metales" ("species flow"). Cantillon introdujo por primera vez, en la literatura económica del siglo XVIII, el término emprendedor. Su aporte ha sido verdaderamente relevante para comenzar a comprender el concepto de emprendedor y el papel que desempeña el emprendimiento en la actividad económica.

Cantillon define al "entrepreneur" como el "agente que compra los medios de producción a ciertos precios y los combina en forma ordenada para obtener de allí un nuevo producto". Distingue que el emprendedor, a diferencia de otros agentes, no posee un retorno seguro. Afirma que es él, quien asume y soporta los riesgos que dominan el comportamiento del mercado (Thornton, 1998).

Richard Cantillon (fallecido en Londres en 1734) no es, o no suele considerarse como, un autor "mercantilista". Su visión de la economía como un sistema autorregulado, su análisis del proceso de formación de los precios y los salarios, y la distribución de la renta en general, lo alejan mucho de los autores antes mencionados. Su libro *Ensayo sobre la naturaleza del comercio en general* (publicado en francés en 1775 –un año después de su muerte–, aunque escrito originalmente en inglés) podría considerarse como el primer tratado sistemático de economía, en el cual se anticipan muchas de las ideas de Adam Smith. Quizás la principal diferencia con Smith sea que Cantillon analiza una economía básicamente estática, en tanto que Smith analiza una economía en fase de expansión. Pero nosotros no vamos a entrar aquí en estas cuestiones. Lo que nos interesa de Cantillon es su reivindicación, muy matizada desde luego, de la tesis de la balanza comercial favorable.

Por esta razón nos vamos a centrar aquí en el análisis monetario de Cantillon. Él estudia con gran precisión los factores que determinan la cantidad de dinero en circulación, la velocidad con que circula, y los efectos de una y otra sobre los precios, así como sobre la producción de bienes y servicios.

Cantillon sostiene que la cantidad de dinero en circulación depende de dos factores: 1) el hecho de que el país sea o no sea productor de oro/plata; y 2) el saldo comercial con el exterior. En cuanto a la velocidad de circulación sostiene que depende de la estructura productiva, los hábitos de gasto de la gente, el desarrollo del sistema bancario y otros factores "institucionales". Cantillon también atribuye unos efectos muy similares a las variaciones de la cantidad de dinero y de la velocidad de circulación. Pero aquí introduce un matiz importante.

Según Cantillon, un aumento de la cantidad de dinero, lo mismo que un aumento de la velocidad de circulación, es de esperar que tengan efectos esencialmente inflacionistas. Ahora bien, cuando se trata de un aumento de la cantidad de dinero, los efectos dependerán de cuál sea el origen del mismo. Hay que diferenciar el caso del dinero producido *ex novo* dentro del país del caso del dinero obtenido a través del comercio exterior.

Cantillon analiza con gran detalle los efectos de un aumento de la producción de oro. Su conclusión es que esto desencadena una espiral de precios y salarios, así como de las rentas de los terratenientes, que no sólo afecta al nivel general de precios, sino que también puede afectar a la estructura de precios relativos. Pero, aunque varíe la estructura de precios relativos, el empleo global será el mismo; y la producción, en términos agregados, se espera que sea más o menos la misma.

Ahora bien, cuando el aumento de la cantidad de dinero tiene como origen el comercio exterior (balanza comercial favorable), Cantillon espera que esto tenga un efecto netamente expansivo sobre la producción y el empleo. La justificación que da no está nada clara, pero parece sugerir un argumento similar al de Mun: la balanza exterior favorable indica que los beneficios de las industrias exportadoras son altos y eso permite la reinversión de los fondos obtenidos en las mismas industrias, que son las fuentes principales del crecimiento económico.

Cantillon, sin embargo, es consciente de que el superávit comercial no puede mantenerse indefinidamente. Reconoce que, a largo plazo, la inflación interna y la deflación en el resto del mundo tienden a restablecer el equilibrio en la balanza comercial, y esto podría incluso anular los efectos expansivos del superávit comercial. Pero piensa que este resultado podría posponerse indefinidamente "neutralizando" el influjo de metales preciosos por medio de impuestos. De este modo el gobierno captaría el exceso de moneda en circulación y lo mantendría atesorado mientras fuese necesario. Cantillon aquí parece sugerir que existe algo así como una "cantidad óptima de dinero" y que, una vez lograda, todo incremento debe ser neutralizado para que no tenga efectos inflacionistas. Esta idea no se justifica suficientemente; y, de todos modos, Cantillon reconoce la enorme dificultad que implica determinar en la práctica ese óptimo monetario.

Desde los pensadores griegos de la Antigüedad hasta el final de la Edad Media, con casi dos mil años, la estructura social y económica varió relativamente poco. Se desarrollaron economías pequeñas y autosuficientes. Es cierto, que los Imperios griego, romano y musulmán tuvieron sus épocas de florecimiento comercial importante. Sin embargo, sus declives coincidieron con la vuelta a economías de subsistencia. El vasallaje feudal de toda la Edad Media no era igual a la esclavitud de los Imperios griegos y romanos pues los vasallos no eran propiedad de los señores. No obstante, los vasallos estaban sometidos al señor de por vida siempre que estuvieran ligados a la tierra.

Las ideas de Aristóteles tuvieron mucha influencia en numerosos ámbitos y en la Economía no podía ser de otro modo. Aunque ni Aristóteles ni los escolásticos percibieron la noción de precio de mercado pues estaban más interesados en un "precio justo" normativo y no objetivo.

Las intuiciones de la Escuela de Salamanca soy muy acertadas. Tales intuiciones sobre el precio, como la resultante del valor subjetivo de la utilidad y del valor intersubjetivo de una estimación común de lo que había de ser el precio pagado, influyeron de un modo decisivo en la teoría económica clásica desde la "mano invisible" de Adam Smith hasta el modelo de "equilibrio general" de Leon Walras. Además, los teólogos de la Escuela de Salamanca percibieron mejor que los arbitristas mercantilistas el funcionamiento de la actividad económica. Los arbitristas mercantilistas reducían los problemas económicos a un solo factor, como era la acumulación por parte de un país de oro y plata.

Mientras que los miembros de la Escuela de Salamanca percibieron que no era cuestión de acumular oro y plata, sino que influían otros factores como la producción, la población, las exportaciones e importaciones. Así planteaban que la riqueza de un país está en las personas, en el capital humano, en las tierras, en las carreteras, en los edificios e incluso y en la calidad de las instituciones.

En definitiva, hemos podido ver cómo las tesis mercantilistas no pasan de ser respuestas más o menos razonables y más o menos pragmáticas a los problemas concretos de una época de gran expansión comercial. Detrás de ellos está el mundo del capitalismo comercial. Pero, a mediados del siglo XVIII surge una Escuela la Fisiocrática que pone en duda el mercantilismo y por ello le dedicaré el capítulo siguiente. A finales del siglo XVIII surge un nuevo tipo de capitalismo basado en la innovación tecnológica y en la industria y aparece un nuevo tipo de empresario. Con este nuevo mundo surge también la Economía como disciplina autónoma.

James Steuart (1712-1780)

En esta línea habría que situar a algunos ingleses como James Steuart, un aristócrata escocés que escribió un libro titulado *An Inquiry into the Principles of Political Economy,* publicado unos años antes de *La Riqueza de las naciones*. Smith no lo mencionó seguramente porque representaba una visión de la economía diametralmente opuesta a la suya.

2. EL ARGUMENTO DE LA BALANZA COMERCIAL FAVORABLE

El núcleo del argumento en cuestión se basaba en dos ideas: la primera idea es que la riqueza de un país puede identificarse con el número de personas empleadas; y la segunda es que una balanza comercial favorable significa un aumento neto del empleo. Para entender esto último, pensemos que al importar mercancías por valor de M se pierden LM puestos de trabajo (que serían los necesarios para producir esas mercancías dentro del país) y se ganan LX puestos de trabajo (que serían los empleados en la producción de dichas mercancías). Por tanto, si se desea maximizar el empleo, habrá que exportar aquellos artículos que requieran relativamente más trabajo e importar los que requieran menos. Obviamente, todo esto exige suponer que las mercancías con más valor son las más intensivas en trabajo, lo cual en la actualidad podría parecer bastante arbitrario. Sin embargo, en la época de la que estamos hablando dicho supuesto resulta mucho más verosímil, ya que el trabajo era el factor de producción dominante en todos los procesos productivos; razón por la cual la riqueza se identificaba con el empleo (mucha riqueza significa mucha producción y mucha producción significa mucho empleo).

El argumento de la balanza de trabajo sirvió seguramente de base para la reivindicación que hizo Keynes del mercantilismo en la última parte de su famoso libro *Teoría general del empleo, el interés y el dinero*. La última parte de este libro es un compendio de notas sobre historia del pensamiento económico, en las que Keynes se dedica a buscar los antecedentes de sus propias teorías.

En la macroeconomía keynesiana el saldo de la balanza comercial es un componente de la demanda agregada (lo que los extranjeros "añaden" a la demanda de productos nacionales). Los otros componentes de la demanda agregada son el consumo y la inversión. Keynes sostiene que la demanda agregada es la que "tira" de la producción y del empleo; de tal manera que, para estimular el empleo, lo que hay que hacer es estimular la demanda agregada. Los instrumentos de política económica en manos del gobierno en los tiempos de los mercantilistas no permitían tomar medidas que influyeran directamente sobre el consumo o la inversión; ya que los sistemas fiscales eran muy deficientes y los gobiernos no tenían mucho control sobre la oferta monetaria. Por tanto, a los gobiernos de la época sólo les quedaba la alternativa de la balanza comercial. Las transacciones internacionales eran lo único que podían controlar eficazmente. En consecuencia, Keynes consideraba razonable la búsqueda de una balanza comercial favorable. El superávit en la balanza comercial era prácticamente la única vía disponible para aumentar la oferta monetaria; y se esperaba que el aumento de la oferta monetaria actuara directamente sobre la demanda de bienes y servicios, e indirectamente, a través de los tipos que interés, estimulando la inversión.

La argumentación de Keynes parece muy coherente. Pero choca con algo muy elemental. Las políticas keynesianas podrían resultar eficaces en una economía con un nivel alto de desempleo. Que era la situación sobre la cual escribía Keynes en los años treinta del siglo pasado. Pero parece que no hay nada en la literatura mercantilista que indique la más mínima preocupación por el fenómeno del desempleo. De hecho, habría que pensar que la situación en la época de los mercantilistas era una situación de pleno empleo. Con altos niveles de pobreza, sin duda, pero con pleno empleo. Como sería de esperar en una época en la que no existían obstáculos que impidieran los ajustes salariales, tanto al alza como a la baja. Lo que preocupaba a los mercantilistas no era la suerte de los trabajadores, sino la "riqueza nacional", que ellos asociaban, confusamente, con el número de personas empleadas. Lo que a ellos les preocupaba era más bien que los salarios fuesen demasiado altos. Salarios altos significaba para ellos poco esfuerzo, indolencia y baja productividad. Para que la industria floreciese se necesitaban salarios *bajos*. Hasta mediados del siglo XIX esta fue una preocupación constante de los economistas, incluyendo a algunos "clásicos" como William Nassau Senior. Todo esto resulta difícilmente reconciliable con las políticas keynesianas de estímulo del empleo.

3. EL ARGUMENTO DE LA INFLACIÓN BENEFICIOSA

Hubo otros autores que justificaron la tesis de la balanza comercial favorable en base a lo que podríamos llamar "argumento de la inflación beneficiosa". La idea era que el aumento de la cantidad de dinero aumentaría los precios, y eso, suponían ellos, serviría para estimular la actividad económica.

Capítulo 8
LOS FISIÓCRATAS

En el siglo XVIII en el entresuelo del Palacio de Versalles todos los martes, durante el reinado de Luis XV, se reunían para comer y luego debatir, a lo largo de la tarde, sobre cuestiones políticas y económicas un grupo de personas que comenzaron a llamarse economistas. El anfitrión de aquellas comidas era Francois Quesnay (1694-1774), médico de Luis XV y de Madame Pompadour, que para mejor atender a tan reales pacientes disponía de una residencia en el entresuelo del palacio de Versalles en donde recibía a aquel grupo heterogéneo de pensadores franceses que se llamaban primero economistas y luego fisiócratas.

Aquellas comidas y debates de los martes eran frecuentadas, entre otros, por Dupont de Nemours (1739-1817), el Marqués de Mirabeau (1715-1789), Mercier de la Riviere (1719-1792), Nicholas de Baudeau (1730-1792), además del propio Francois Quesnay.

Este grupo de intelectuales reacciona contra la excesiva intervención mercantilista desde el Estado. Tanta intervención en la economía desde las primeras fases de producción hasta las etapas intermedias y finales de distribución y comercialización de los bienes y servicios tienden, según los fisiócratas, a reducir el nivel de renta y prosperidad económica de un país.

Para los fisiócratas el parasitismo de la burguesía artesanal, del feudalismo, del corporativismo comercial y de los monopolios, así como los impuestos excesivos ahogaban al sistema económico. Por ello los fisiócratas eran esencialmente partidarios del librecambio o librecambistas y por ende defensores del liberalismo.

¿Cuáles fueron los rasgos principales del pensamiento de la Escuela Fisiócrata? Cinco puede decirse que fueron los rasgos definitorios de esta Escuela.

El primer rasgo fue la consideración de la Economía como un mecanismo autorregulado. Esto significa que el mercado y la competencia autorregulan el funcionamiento económico sin necesidad de decisiones arbitrarias del Estado.

El segundo rasgo fue considerar ese mecanismo autorregulado como parte del "orden natural" de las cosas.

El tercer rasgo fue la consideración de que la única actividad genuinamente productiva era la agricultura, aunque puede extenderse a la minería, la pesca, la ganadería, la explotación forestal y todo aquello que hoy identificamos como sector primario. El resto de actividades del comercio, la industria y los servicios son consideradas actividades improductivas. Esto es, lo que hoy consideramos sector secundario y terciario.

El cuarto rasgo es el liberalismo económico de este grupo de pensadores.

Finalmente, el quinto rasgo característico y definitorio es que los fisiócratas consideraban que los terratenientes debían de pagar un impuesto sobre las rentas de la tierra. Impuesto del que la mayor parte de los terratenientes ya fuera por ser aristócratas o por ser de la Iglesia estaban exentos.

Respecto al primer rasgo cabe decir que la Economía se consideró como un mecanismo autorregulado similar al flujo sanguíneo. Así se describía el flujo circular de la renta y gasto de un país como si del flujo sanguíneo del cuerpo humano se tratara. Recuérdese que el líder de los fisiócratas era el médico Francois Quesnay de ahí la explicación apoyada en esta analogía. Los impuestos eran excesivamente extractivos con la población más necesitada. Los aristócratas y la Iglesia siempre estuvieron exentos del pago de impuestos. En la época de Luis XV los impuestos eran excesivos para la población debido a la voracidad de las arcas del tesoro real que debían hacer frente a gran número de guerras innecesarias. El segundo rasgo fue considerar que la Economía tiene un orden natural. El mecanismo autorregulado del que se ha hablado como primer rasgo ahora tiene además un orden que proporciona la naturaleza. Realmente Fisiocracia significa "gobierno de la naturaleza".

Los fisiócratas creían en las leyes naturales y de ahí se deriva inmediatamente el tercer rasgo: la primacía de la agricultura en sentido amplio (con pesca, minería, etc.). Quizá uno de los rasgos más criticados a los fisiócratas es este. Si la productividad está ligada únicamente a la agricultura, pesca, minería, etc., entonces qué ocurre con la industria, el comercio y los servicios.

El cuarto rasgo proviene de la oposición de los fisiócratas a las intervenciones del Estado recomendadas por los mercantilistas. La máxima de los fisiócratas fue: "*Laissez faire et laissez passer, le monde va lui même*".

El quinto rasgo relativo al impuesto único sobre la renta de la tierra trata de unificar y sustituir en parte, el gran número de impuestos que existían sobre los considerados más productivos de la sociedad, los agricultores, por un impuesto único sobre la tierra que habrían de pagar los terratenientes. Uno puede preguntarse cómo los fisiócratas argumentaban este impuesto. El argumento fue que el coste inicial de pagar el impuesto se vería más que compensado a largo plazo porque al liberar a los agricultores, leñadores, ganaderos, pescaderos, mineros, etc., de las cargas impositivas invertirían más y serían más productivos proporcionando más producto neto al conjunto de la sociedad y con ello también se verían beneficiados los terratenientes. Por otro lado, con este impuesto único sobre la tierra se establece claramente el modo de contribuir al conjunto de la sociedad de los terratenientes dada su posición privilegiada.

En el *Tableau Economique* de Quesnay se representa el flujo circular de la renta y gasto, y se consideran tres grupos de agentes: los agricultores (también los pescadores, leñadores, ganaderos, mineros, etc.), los artesanos (aquí están los comerciantes, los industriales, manufactureros y los profesionales) y finalmente los propietarios de las tierras (los terratenientes). Para ilustrar su pensamiento Quesnay supone que la economía de un país dispone de 5.000 millones de francos al comenzar el año, procedentes del año anterior. Supone también que la clase productiva de la agricultura (también minería, pesca, ganadería, etc.) requiere para su mantenimiento 2.000 millones de francos. Es decir, de pagos que los agricultores y ganaderos deben hacer a otros agricultores y ganaderos.

Los agricultores gastarán, además, 1.000 millones en comprar bienes y servicios a los artesanos y pagarán otros 2.000 millones a los propietarios de tierras en concepto de arrendamientos e impuestos. Estos 2.000 millones de francos representan para Quesnay el producto neto, esto es, el excedente por encima de los costes necesarios para la producción, ya que los fisiócratas no consideran costes los arrendamientos ni los impuestos, sino excedentes para el Estado y los terratenientes.

Por otra parte, los artesanos, miembros de la clase estéril, gastarán 2.000 millones en bienes agrícolas, entendiendo aquí agrícolas en sentido amplio, pueden ser alimentos o materias primas como madera, carbón, etc. Esto quiere decir que los agricultores reciben en pagos 2.000 millones de francos proporcionados por los artesanos.

Respecto a los terratenientes que reciben 2.000 millones en concepto de rentas gastarán 1.000 millones en pagos a los artesanos o clase estéril y otros 1.000 millones en pagos a los agricultores. El flujo circular de la renta se ha completado y los agricultores son los únicos que obtienen producto neto, esto es, una cifra superior a la de sus costes de mantenimiento y sus costes de pagos por manufacturas al grupo estéril de los artesanos. Obsérvese que este producto neto superior son los 2.000 millones pagados a los terratenientes en concepto de rentas e impuestos. Esta es en esencia la dinámica fisiocrática.

La exposición del *Tableau Economique* con el tiempo serviría a Wassily Leontief para realizar sus Tablas Input-Output que le valdrán más adelante el reconocimiento del premio Nobel de Economía. Las Tablas Input-Output de Leontief se han popularizado extraordinariamente en el mundo. Interpretando desde el método de Leontieff el *Tableau Economique* de Quesnay describe las relaciones intersectoriales que se dan en una economía compuesta de tres "Sectores": "los agricultores" (Sector I), "los artesanos" (Sector II) y "los propietarios de la tierra o terratenientes" (Sector III).

"Los terratenientes" puede considerarse como clase productiva porque estos "propietarios de la tierra" ponen a disposición de "los agricultores" la capacidad de producción de esta, recibiendo en contraprestación las rentas o arrendamientos además del pago de impuestos.

Para Quesnay el fundamento de todos los fenómenos sociales y, por consiguiente, de los económicos se encontraba en leyes invariables que, al igual que las naturales, dominaban totalmente aquellos. La sociedad sólo necesitaba, para prosperar y desarrollarse satisfactoriamente, seguir tales leyes naturales inscritas en el universo y cuyo conjunto constituía el "orden natural", a diferencia del "orden positivo', es decir, de las leyes establecidas por los hombres. Era la razón la que ayudaba a reconocer el conjunto de leyes naturales y la meta deseable a realizar por el "orden positivo"; era la puesta en práctica de aquellos principios generales en la situación concreta de organización de los hombres.

Schumpeter (2012) ha puesto de manifiesto cómo las teorías sobre el Estado y la sociedad de Quesnay no eran otra cosa que reformulaciones de la doctrina escolástica. El concepto del "orden natural", el dictado ideal impuesto por la naturaleza humana, tal y como queda revelado por la razón del hombre, con el agravante de que Quesnay las aplicaba a un orden de cosas invariable. Así, Schumpeter (2012) escribe:

> "En su trabajo sobre "derecho natural" Quesnay definió la Ley Física como "el curso reglado de todos los acontecimientos físicos, que es evidentemente el más ventajoso para la humanidad", y la Ley Moral como "la regla de toda acción humana que se conforma al orden físico, evidentemente más ventajoso para los hombres"... En el caso de los doctores escolásticos, tales principios quedaron confinados al terreno de la metafísica y no se aplicaron directamente a esquemas definidos, condicionados históricamente. En el caso de Quesnay sí se aplicaron, sin embargo, a instituciones concretas, tales como la propiedad, a la vez que su teoría política –tanto en términos analíticos como normativos– giraba en torno a un absolutismo monárquico de forma ahistórica y no crítica que era totalmente ajena a los escolásticos. Hoy conocemos bien en qué medida el viejo sistema de derecho natural se mantuvo en el dieciocho y lo aceptable que terminó siendo, en sus rasgos esenciales, a la "razón". De aquí que la particular forma de Quesnay, exceptuados algunos adornos no esenciales, estuviera de acuerdo con la moda intelectual del momento..., en tanto que, a diferencia de otros defensores de la "razón", Quesnay no era hostil ni a la Iglesia católica ni a la Monarquía. Aquí, pues, teníamos a la "razón", pero desprovista de sus dientes irreligiosos y políticos. ¿Es preciso añadir que esto deleitó tanto a la corte como a la sociedad?".

Estas palabras de Schumpeter (2012) resaltan el conservadurismo de Quesnay. Sin embargo, las implicaciones de los estudios de Quesnay son de una traslación a la acción social inmediata. Si tanto el orden natural como el positivo son inteligibles por la razón humana, será posible criticar a este último buscando el ajuste al orden natural. Es decir, procurando que las divergencias entre el orden natural y positivo sean mínimas. Ahí estaría el posible activismo fisiócrata, orientado a poner en tela de juicio la organización política y estamental de la sociedad. Si bien dejaba amplio campo para la acción el activismo de los fisiócratas no salió de los salones de los aristócratas. Respecto a esto Schumpeter (2012) escribe las siguientes líneas:

> "El éxito de Quesnay fue un "éxito de salón". Durante algún tiempo, en los salones se habló de la Fisiocracia, pero poca gente de fuera se enteró mucho de lo que suponía, a no ser para reírse de ella. Cierto que hubo una forma de ser fisiócrata, pero no hubo un movimiento fisiócrata en el sentido que hubo y hay un movimiento marxista y, en especial no hubo un movimiento fisiócrata enraizado en intereses de clases, en los agrarios".

Analizar las causas de que el activismo fisiocrático no saliera del ámbito de los salones aristocráticos e intelectuales sería una tarea interesante que no voy a hacer aquí. Schumpeter (2012) ha mostrado el valor analítico de la obra de Quesnay al señalar como las condiciones económicas desarrolladas en Francia en la época de los fisiócratas, en donde el feudalismo seguía apoyándose en la propiedad agraria y todavía no había sido vencido.

Quesnay y el resto de los fisiócratas escaparon a la perspectiva feudal en la medida en que consideraron al trabajo de los agricultores, leñadores, mineros y pescadores como la única fuerza productiva que condicionaba la totalidad de la sociedad. Sin embargo, no hay una verdadera teoría del valor en los fisiócratas esta tarea la desarrollará como una teoría del valor trabajo más adelante Adam Smith.

Para finalizar hay que decir que en 1764 Adam Smith aceptó la oferta de Charles Townshend, que le había presentado David Hume, para realizar un viaje de estudios por Europa, como tutor de su hijastro, el joven duque de Buccleuch. Adam Smith inició su viaje al sur de Francia a Toulousse donde realiza una estancia de un año y medio, posteriormente viaja a Ginebra donde visita al filósofo Voltaire. Desde Ginebra viaja a París en donde conoce a Benjamin Franklin y descubre la Escuela Fisiócrata por lo que visitó y debatió con Francois Quesnay. Adam Smith mantendría después correspondencia con Quesnay, del que sin duda recibiría influencias que se plasmarían en su obra principal *La Riqueza de las Naciones*.

Segunda Parte
LA ECONOMÍA CIENTÍFICA

Capítulo 9
LOS CLÁSICOS

Los enormes cambios políticos y sociales de la Declaración de la Independencia Norteamericana en 1776, la Revolución Francesa en 1789 y las guerras coloniales entre Francia e Inglaterra configuran el contexto histórico.

Los clásicos escribieron en una época en la que la industria estaba conociendo un desarrollo sin precedentes con la mayor transformación económica y social, y proceso de innovación tecnológica desde la revolución del Neolítico. A este proceso se le denomina como la primera revolución industrial que se desarrolló con la siguiente teoría monetaria clásica.

1. LA TEORÍA MONETARIA CLÁSICA

La teoría monetaria de los clásicos constaba de dos elementos principales:

1) La teoría cuantitativa del dinero.
2) La teoría de "species flow".

La teoría cuantitativa ya fue descubierta por Azpilcueta en el siglo XVI y en esta teoría se dice que las variaciones en la cantidad de dinero (M) positivas o negativas se traducen en variaciones de los precios (P) positivas o negativas, siempre y cuando la velocidad de circulación del dinero (V) y el nivel de renta (Y) sean constantes o varíen en la misma proporción. Esto es la cantidad de dinero multiplicada por la velocidad de dinero es igual al producto de los precios por el nivel de renta ($MV = PY$).

David Hume (1711-1776)

La teoría del "species flow" fue planteada por David Hume a mediados del siglo XVIII. Lo que dice esta teoría es que con un régimen de patrón oro es imposible que un país pueda mantener una balanza comercial con déficit o superávit a largo plazo. Si suponemos que el valor de la moneda está sujeto a la cantidad física de oro, esto es, con un tipo de cambio fijo, entonces el estado debe comprar y vender oro para mantener el valor de su moneda. Pues bien, dados dos países que comercian entre ellos con dos monedas distintas y un tipo de cambio fijo respecto al oro, si un país exporta más que importa tiene un ingreso neto en oro. Al disponer de más oro el país debe emitir más dinero para mantener el tipo de cambio y con ello aumenta la inflación, esto es los precios de sus bienes y servicios. Al ser los precios más elevados entonces se reducen las exportaciones y aumentan las importaciones. Esto provocará un déficit en la balanza comercial y una salida neta de oro. Con la finalidad de corregirlo el Estado retirará dinero vendiendo por ejemplo títulos de deuda y descenderá la inflación hasta que de nuevo los precios bajen lo suficiente para que las exportaciones se recuperen. Al otro país le ocurrirá lo contrario en cada caso. Por ello el objetivo mercantilista de mantener siempre superávit de la balanza comercial a largo plazo se puede decir que es bastante inadecuado. La tesis de David Hume es una reacción a la postura mercantilista que proponía mantener siempre superávit de la balanza comercial. A este "escenario" los clásicos aportaron básicamente dos cosas: 1) un nuevo mecanismo de conexión entre la cantidad de dinero y los precios –el llamado "mecanismo indirecto"– que se analiza en el epígrafe siguiente; y 2) una primera exploración de los problemas relacionados con el dinero fiduciario de carácter "endógeno" (Schumpeter, 2012).

El ingeniero e inventor mecánico James Watt, nació en Greenock, Escocia el 19 de enero de 1736. Desde los catorce años James comenzó a estudiar y demostró gran pericia en el taller mecánico de su padre, tanto en herramientas, como en instrumentos de navegación. Como también estudió Matemáticas en 1757 se instaló en la Universidad de Glasgow con un taller para la fabricación, reparación y venta de instrumentos matemáticos. Además de arreglarlos, Watt realizó investigaciones teórico-prácticas sobre el vapor y su comportamiento en máquinas que parecían entonces no tener ninguna aplicación útil. Conoció al científico Joseph Black, que le proporcionó formación en Física. En 1764 recibió en su taller una máquina para reparar de Newcomen. Cuando la estaba reparando se dio cuenta, que había una merma en su rendimiento por la cantidad de vapor que desperdiciaba y buscó la manera de evitar el continuo calentamiento y enfriamiento del cilindro de pistones. Encontró una solución consistente en un condensador separado. De este modo eliminó la constante pérdida de energía, y redujo a un tercio el consumo de carbón. Este fue el primer gran invento de Watt. Pidió un préstamo a su amigo el científico Joseph Black y con John Roebuck como socio capitalista, construyó en 1768 el primer modelo de condensador que un año más tarde patentaría como 'Método para disminuir el consumo de vapor y de combustible en máquinas de calor'. La empresa quebró en 1772. Ese año se asoció con el dueño de las Manufacturas Soho, Matthew Boulton, que fabricaba productos de metal y fue capaz de comercializar con éxito el condensador de Watt. A lo largo de 25 años, Watt y Boulton colaboraron, introduciendo numerosas mejoras en la máquina de vapor. Con tales mejoras e innovaciones consiguieron una herramienta práctica, con una potencia capaz de mover maquinaria pesada, lo que trajo consigo el surgimiento de fábricas y una producción en masa. Fue el inicio de la Primera Revolución Industrial.

En 1782 fabricaron máquinas de vapor para telares, fábricas de papel, molinos de harina, destilerías, canales, obras hidráulicas y talleres. En 1790 James Watt ya era un hombre rico tras recibir cerca de 76.000 libras esterlinas en derechos por sus patentes. En 1806 la Universidad de Glasgow le nombró Doctor honoris causa. En honor a Watt se ha dado su nombre, vatio en castellano, a la unidad de potencia en el Sistema Internacional de Medidas.

Adam Smith (1723-1790)

Contemporáneo de Watt fue Adam Smith al que hoy reconocemos como el padre de la Economía. Uno puede imaginarse a un filósofo calvinista despistado, ensimismado en sus pensamientos hasta el punto de caerse en una zanja o de pasear por el campus de Oxford en un pijama de la época. Tal era la capacidad de abstracción de Adam Smith. En las intensas noches de insomnio y las largas caminatas Adam Smith trató de encontrar algo equivalente en Economía a la ley de gravitación universal que había descubierto Newton cien años antes en Cambridge. Comenzó con la *Teoría de los sentimientos morales* a encontrar en el espectador imparcial una suerte de armonía en el comportamiento humano que residía en la empatía. En *La Riqueza de las Naciones* (Smith, 1979) se planteó si era compatible el interés propio con el interés para el conjunto de la sociedad. Después de mucho discurrir llegó a la conclusión de que las personas buscando su propio interés generan lo mejor para el conjunto de la sociedad. Smith explicó que esto era "como si una mano invisible guiara a la sociedad".

Smith distinguió también claramente el *valor de uso* y el *valor de cambio*. Para ello lo ilustró con la paradoja del agua y los diamantes.

En condiciones normales el *valor de cambio* de los diamantes es muy elevado y el del agua muy bajo. Sin embargo, cuando se pasa necesidad en un desierto el *valor de uso* del agua es elevadísimo y el de los diamantes prácticamente nulo.

Para Adam Smith el valor venía del coste: "El coste de producción determina el valor". ¿Es la teoría del valor-coste de producción acertada? Smith inició la búsqueda de una medida universal del valor, pero desafortunadamente no la encontró (Sánchez Molinero et al., 1998).

Por otra parte, Adam Smith tenía tres teorías de los salarios, no necesariamente coherentes entre sí.

La primera teoría es la *Teoría del salario de subsistencia*. La teoría del salario de subsistencia como teoría demográfica decía que con más población menores serían los salarios, con menores salarios menor sería la población y de nuevo con menos población mayores serían los salarios. ¿Hasta cuándo se repite este proceso? La respuesta es "hasta llegar a unos salarios de subsistencia" que en una economía en expansión proporcionará el *estado estacionario*.

La segunda es la *Teoría de los salarios relativos*. Smith explica las diferencias salariales sobre la base de los siguientes factores:

1) Atractivos e inconvenientes del trabajo (utilidad y desutilidad del trabajo, esencialmente esta última).
2) Coste de aprendizaje del oficio (educación, inversiones en capital humano).
3) Regularidad/irregularidad del empleo.
4) Incertidumbre sobre los rendimientos futuros.
5) Confianza/responsabilidad.

En ausencia de los factores anteriores con libre movilidad del trabajo, siempre que los trabajos ofrezcan los mismos atractivos y los trabajadores sean homogéneos, los salarios tenderán a ser iguales.

La tercera es la *Teoría de los salarios negociados*. El argumento básico de esta teoría es que los salarios son negociados entre dos *grupos* de individuos (empleadores y empleados); los empleadores tienen más poder de negociación que los empleados. Esta teoría es inconsistente con el enfoque competitivo del propio Smith, ya que sugiere a los salarios como el resultado de negociación de un monopolio bilateral.

Smith distingue tres componentes dentro del beneficio empresarial (Sánchez Molinero et al., 1998): 1) el interés del capital invertido; 2) el salario del empresario (labores de vigilancia y dirección); y 3) una prima de riesgo.

El beneficio normal como *coste oportunidad* del empresario (salario "perdido" por la dedicación a la empresa). Aunque el concepto de *coste de oportunidad* no es introducido hasta que Wieser publica su *Teoría económica social* en 1914, conviene utilizarlo aquí para explicar el salario perdido como *coste de oportunidad*. Al fin y al cabo, el *coste de oportunidad* es aquello a lo que se renuncia cuando se toma una decisión económica.

Por otra parte, respecto al precio del capital en Smith existe una tendencia decreciente del tipo de interés en el largo plazo que desemboca en un *estado estacionario* (Schumpeter, 2012).

En relación con el precio de la tierra Smith asocia "renta" con "renta de la tierra". Reconoce la existencia de un doble aspecto en esta renta: por una parte, la renta de la tierra es la remuneración competitiva de los servicios de la tierra (coste oportunidad del factor tierra); por otro, incluye un elemento de "renta económica", es decir, remuneración por encima del *coste oportunidad,* que tiene su origen en el hecho de que no todas las tierras son iguales (algunas tienen usos exclusivos o son de calidad excepcional). La teoría del crecimiento de Smith configura un aparente círculo virtuoso de retroalimentación positiva: el crecimiento de la renta hace que el capital crezca y el crecimiento del capital hace que la renta crezca. Parece que se trata de un proceso sin fin. No obstante, Smith siempre predijo que el proceso terminaría en un *estado estacionario.*

Jeremy Bentham (1748-1832)

El filósofo, jurista, economista, escritor y reformador social inglés Jeremy Bentham es considerado hoy como el padre del utilitarismo moderno al proporcionar el "axioma fundamental" de su filosofía utilitarista el principio de que "la máxima felicidad del mayor número (...) es la medida de lo bueno y lo malo". Como economista liberal defendió las libertades individuales y económicas y la separación de la Iglesia y el Estado, la libertad de expresión, la igualdad de derechos para las mujeres, el derecho al divorcio y la despenalización de la homosexualidad.

Pidió la abolición de la esclavitud, de la pena de muerte y del castigo físico, incluido el de los niños. También se ha hecho conocido como uno de los primeros defensores de los derechos de los animales. Estaba firmemente a favor de la extensión de los derechos legales individuales y se opuso a la idea de la ley natural y los derechos naturales, esto es aquellos que se consideran dados por Dios en origen, llamándolos "tonterías sobre zancos".

Bentham tenía la ambición en la vida de crear un "pannomion", un código de derecho utilitario completo. Propuso reformas legales y sociales, y también un principio moral subyacente en el que deberían basarse. Sus trabajos iniciales atacando el sistema legal y judicial inglés le llevaron a la formulación de la doctrina utilitarista, plasmada en su obra principal *Introducción a los principios de moral y legislación*, publicada en 1789. En ella decía que: *"todo acto humano, norma o institución, deben ser juzgados según la utilidad que tienen, esto es, según el placer o el sufrimiento que producen en las personas"*. Tuvo también un proyecto frustrado de construir un "panóptico", esto es, una suerte, primero, de fábricas, y luego, de cárceles, todas ellas circulares en la que los trabajadores y los reclusos podían ser vigilados por pocos supervisores desde arriba. Solo el hecho de sentirse vigilados según Bentham iba a dar lugar que mejoraran su productividad y comportamiento.

Thomas Robert Malthus (1766-1834)

El filósofo, economista y clérigo Thomas Robert Malthus se vio obligado a esclarecer en diferentes ocasiones que estaba en contra de las campañas de utilización de métodos anticonceptivos. Malthus era un hombre religioso y ejerció como pastor de la iglesia anglicana durante la mayor parte de su vida. Sin embargo, la publicación de su obra *Ensayo sobre el principio de la población*, en 1766 se identifica erróneamente como la primera campaña de la historia de propaganda panfletaria a favor de la utilización de métodos anticonceptivos (Cabrillo, 2006). Esto es debido a que la teoría de la población de Malthus se basa en dos principios. El primer principio es que la población, cuando no se enfrenta a ningún obstáculo, tiende a crecer en progresión geométrica (lo cual quiere decir que se dobla aproximadamente cada 25 años). El segundo principio es que, en las condiciones más favorables, los medios de subsistencia no pueden crecer a un ritmo mayor que el de una progresión aritmética ¿Cómo se logra el equilibrio entre la población y los recursos? Según Malthus aplicando frenos positivos y preventivos. Tales frenos dieron lugar a las primeras críticas a la tesis de Malthus. La respuesta de Malthus fue el uso de la "restricción moral" como justificación-comodín de los frenos positivos y preventivos de la población. El equilibrio para Malthus se podría alcanzar de modo análogo entre las poblaciones humanas y las poblaciones de animales, ambas guiadas por el principio de la selección natural.

El crecimiento económico en un entorno maltusiano se apoya en dos supuestos. El primer supuesto es que siempre hay un incremento de partida (de una vez para siempre) del stock de capital. El segundo supuesto es que siempre existe una mejora tecnológica de partida (de una vez para siempre).

La conclusión fundamental de Malthus es que cuanto mayor sea el stock de capital y cuanto más desarrollada esté la tecnología, mayor será la densidad de población. ¿Sin embargo, tendríamos la misma conclusión si la acumulación de capital y el progreso tecnológico fuesen procesos continuos? ¿Qué pasaría en este caso? Esto es lo que se conoce como la "trampa" del equilibrio maltusiano. La respuesta a estas preguntas es que si la acumulación de capital y el progreso tecnológico son continuos y proporcionales al crecimiento de la población entonces podría ser posible un crecimiento de los alimentos que permitiera abastecer al crecimiento de la población.

Henry Thornton (1760-1815)

Henry Thornton, en su obra *The Nature of the Paper Credit in Great Britain* (1802), expone una idea anticipada ya por Cantillon que se puede sintetizar en las líneas siguientes.

Un aumento de las reservas de oro de la banca hace que aumente la oferta de crédito bancario (dinero fiduciario) y eso hace que disminuya el tipo de interés. Por consiguiente, las empresas demandan más bienes de capital y el precio de los mismos aumenta, siempre y cuando se suponga que las empresas productoras de maquinaria funcionan a pleno rendimiento. Por último, el aumento de los precios de los bienes de capital se trasmite a los precios de los bienes finales "vía costes".

El supuesto subyacente que permite este ajuste es el relativo a la existencia de un sistema de precios perfectamente flexibles que garantiza la plena utilización de la capacidad instalada y el pleno empleo del trabajo.

2. DINERO ENDÓGENO: LA DOCTRINA DE LAS LETRAS REALES

La idea básica es que la producción de dinero fiduciario (crédito bancario) se ajusta automáticamente a las necesidades de la actividad económica. Esto es, a medida que la actividad económica crece se demanda más dinero y el sistema bancario se encarga de suministrarlo, sin que en ningún momento se produzcan tensiones inflacionistas o deflacionistas.

Adam Smith ponía una condición para este automatismo monetario: según él, era necesario que los bancos se limitasen a descontar "letras reales" (*real bills*); es decir, los bancos tenían que limitarse a financiar transacciones reales huyendo de las transacciones especulativas. Evidentemente, Smith veía a la especulación como un mecanismo desestabilizador.

Especulación estabilizadora y desestabilizadora: ¿con qué nos quedamos? ¿Qué pasa si un banco produce demasiado dinero? Para responder a estas preguntas se sintetizará a continuación la posición de dos escuelas principales: la *Banking School* y la *Currency School*.

3. LA *BANKING SCHOOL* Y LA *CURRENCY SCHOOL*

Estas son las dos escuelas principales sobre cuestiones monetarias durante el periodo clásico. Dichas escuelas mantuvieron puntos de vista contrapuestos con respecto a las causas de la inflación.

El punto de vista de la *Banking School* es el siguiente: la inflación se debe, por lo general, a causas reales –en cualquier caso–, no se puede decir que los bancos sean responsables de los procesos inflacionistas (el automatismo monetario de la doctrina de las letras reales se interpreta como si se tratase de un mecanismo de ajuste a muy corto plazo).

El punto de vista de la *Currency School* es el siguiente: a pesar de que numerosos autores como Ricardo, Thornton y Mill, entre otros, reconocen la existencia de un cierto automatismo monetario, básicamente tal automatismo funciona a largo plazo. Sin embargo, estos autores consideran la existencia de una inestabilidad del mercado del dinero en el corto plazo. Para evitar dicha inestabilidad, ellos proponen un cierto grado de regulación del sistema bancario. Estas ideas fueron las que llevaron a la creación de los bancos centrales y a la "nacionalización del dinero".

Las dos escuelas también estuvieron en desacuerdo en lo referente a las causas de la depreciación de la libra. La *Currency School* sostenía que dicha depreciación era consecuencia de la inflación interna junto con la suspensión de la convertibilidad por parte del Banco de Inglaterra. La *Banking School* mantenía que la depreciación de la libra era consecuencia de una caída exógena en la demanda de exportaciones.

Ambas escuelas estaban de acuerdo en un punto: en un sistema de tipos de cambio flexibles, un déficit de la balanza de pagos (o un superávit) se puede corregir (si no en su totalidad, al menos parcialmente) a través de variaciones en el tipo de cambio.

4. LA LEY DE SAY

Jean Baptiste Say (1767-1832)

Otro de los exponentes significativos de lo que denominamos la escuela clásica es el empresario textil y economista Jean Baptiste Say. Say, admirador de Smith, enseguida ganó reconocimiento con la publicación de su *Tratado de Economía Política* en 1803. En esta obra enunció la versión primitiva de la Ley de Say o Ley de los mercados. La Ley de Say dice: "Toda oferta genera su propia demanda". ¿Qué quiere decir esto? Pues que antes de demandar bienes es preciso producir otros bienes para intercambiarlos por los bienes deseados, lo cual implica una relación causa efecto entre oferta y demanda. Además, el corolario de esta ley es que no pueden existir crisis ni de sobreproducción ni de subconsumo a largo plazo pues el mercado realizará los ajustes correspondientes. La cuestión principal que hay detrás de la Ley de Say es la siguiente: "¿Es posible que los recursos de un país permanezcan ociosos, en todo o en parte y de manera más o menos indefinida, como consecuencia de una insuficiencia generalizada de demanda?".

La Ley de Say responde que no a esta pregunta; y tiene dos formas de justificarlo: una, es la versión "primitiva" y otra la versión "moderna". En esencia, ambas versiones se basan en una intuición: la existencia de un sistema de precios competitivo es suficiente para garantizar la coordinación (o el equilibrio simultáneo) de todos los mercados.

En la versión más primitiva de la ley en cuestión (la versión del propio Say) los únicos mercados que se tienen en cuenta son los mercados de bienes de consumo y los mercados de factores. El dinero se considera exclusivamente como una unidad de cuenta, es decir, se ignora por completo el mercado del dinero (por tanto, no se admite la posibilidad de que exista un exceso de oferta o de demanda de dinero, lo cual equivale a la negación de la existencia de una economía monetaria propiamente dicha). La consecuencia de esto es la "identidad de Say" (demanda agregada de bienes finales *idéntica* a oferta agregada de bienes finales).

Si la identidad de Say es verdadera, existe la posibilidad de excesos de demanda o de oferta en mercados particulares, ahora bien, un exceso de demanda en un mercado determinado tiene que tener como contrapartida un exceso de oferta en algún otro mercado. Estos desequilibrios se corrigen a través de cambios en los precios relativos (no se puede hablar de precios absolutos o precios monetarios porque el dinero como tal no existe).

En la versión moderna de la Ley de Say se admite la posibilidad de "demanda insuficiente" (en términos agregados): ahora podemos tener un exceso de oferta generalizado de bienes finales juntamente con un exceso de demanda de dinero y/o bonos; o bien, un exceso de demanda de bienes finales acompañado de un exceso de oferta de dinero y/o bonos.

Aquí tenemos también un problema de desequilibrio que afecta a varios mercados. Pero, además de los mercados de bienes finales y de factores, ahora tenemos que tener en cuenta el mercado de dinero y el mercado de créditos. La coordinación completa de todos los mercados exige ahora cambios en los precios relativos, los precios monetarios y el tipo de interés. Tanto ahora como antes se espera que estos cambios permitan lograr un equilibrio general con pleno empleo.

Como observación final habría que señalar que la Ley de Say está implícita en el modelo de equilibrio general de Walras que se expondrá más adelante.

David Ricardo (1722-1823)

David Ricardo después de hacer fortuna con inversiones en la bolsa y bienes inmobiliarios se retiró al campo a estudiar Economía, tal y como deseaba desde que en unas vacaciones leyera *La Riqueza de las Naciones* de Adam Smith. Ricardo quedó tan impresionado por su contenido que enseguida vio que en la misma línea de Adam Smith él podría realizar algunas aportaciones. El modelo de crecimiento de David Ricardo se basa en los siguientes supuestos. Primero, hay tres clases sociales (terratenientes, capitalistas y trabajadores) cada una de ellas con un patrón de comportamiento diferente: los únicos que ahorran son los capitalistas y el ahorro es idéntico a la inversión. Segundo, el capital es principalmente (aunque no exclusivamente) un *fondo de salarios*. Una proporción fija de la inversión va a parar al fondo de salarios de manera automática, Por tanto, un incremento del fondo de salarios implica un incremento de la demanda de trabajo (la función de demanda de trabajo es una hipérbola equilátera). Tercero, la población tiene los supuestos de Malthus. Esto es, los ajustes demográficos son de tipo maltusiano y se suponen infinitamente rápidos. Cuarto, se supone que se cumple la teoría clásica de la renta. de la tierra. Esto es, la oferta de tierra (recursos naturales) está dada, lo cual implica rendimientos decrecientes en la agricultura.

Además, añade lo que se conocerá en la literatura como el "efecto Ricardo": "Cada aumento de los salarios, o lo que es lo mismo, cada reducción de beneficios, menguaría el valor relativo de los bienes producidos con un capital de índole durable, y elevaría proporcionalmente los productos con capital más perecedero. Una reducción de los salarios ocasionaría exactamente el efecto contrario". Esto es, la tendencia decreciente de la tasa de beneficio, los cambios a largo plazo en la distribución de la renta y el estado estacionario se explicarán a través del funcionamiento del modelo de Ricardo que se puede resumir en las siguientes líneas. La acumulación de capital da lugar a que suba el fondo de salarios; el fondo de salarios genera crecimientos salariales transitorios que hacen subir la población; con población mayor sube la demanda de alimentos; para atender a la demanda mayor de alimentos las tierras menos fértiles ahora se ponen en funcionamiento y los rendimientos son decrecientes en la agricultura; esto genera lo que se conoce como el "El efecto ricardiano" –o el efecto de rendimientos decrecientes en la producción agrícola–; el "efecto ricardiano" hace que el valor del trabajo en los productos industriales sea mayor que en los productos agrícolas; al ser el valor del trabajo menor en los productos agrícolas el beneficio es menor y las rentas a pagar a los terratenientes aunque sean las mismas que anteriormente ahora son proporcionalmente mayores, como resultado de todo lo anterior existirán cambios en la distribución de la renta que acabarán llevando al modelo de crecimiento económico a un *estado estacionario*.

La cuestión del empleo sustituible por máquinas también fue tratada por Ricardo. No obstante, existe otra cuestión de fondo que se puede formular como la siguiente pregunta: ¿Es posible que el desempleo tecnológico surja como consecuencia de la sustitución de trabajadores por máquinas? Una respuesta habitual a esta pregunta se da con la tesis de la absorción automática. Esto es, los trabajadores desplazados por las máquinas son reabsorbidos automáticamente por la producción de las nuevas máquinas.

¿Cuál es la posición de Ricardo sobre el desempleo tecnológico? La posición de Ricardo es la siguiente: el fondo de salarios puede caer transitoriamente como consecuencia de la sustitución de trabajadores por máquinas, y esto, si se combina con salarios rígidos a la baja en el corto plazo, puede crear desempleo;

no obstante, Ricardo descarta la posibilidad de desempleo tecnológico a largo plazo basándose en el automatismo del proceso de acumulación. Una vez que el sistema productivo se ha adaptado a las nuevas técnicas, el proceso automático de acumulación de capital hace que aumente la demanda de trabajo y esto hace que el desempleo desaparezca.

¿Qué es lo que determina la dirección de los flujos comerciales internacionales? La respuesta de Adam Smith es la teoría de la ventaja absoluta, esto es hay países que producen unos bienes y otros que no, luego especializándose en esos bienes y comerciando entre ellos todos ganan pues amplían su oferta. La respuesta de Ricardo es la teoría de la ventaja comparativa. Esto es, dos países pueden producir los mismos bienes, pero uno tiene ventaja comparativa en un bien y por ello se especializará en ese bien e intercambiará ese bien con el otro país.

John Stuart Mill (1806-1873)

John Stuart Mill, hijo del economista discípulo de Jeremy Bentham, James Mill, fue educado por su padre en los clásicos griegos, en latín, en Aritmética, en Lógica y en Economía.

Este autor tuvo intereses diferentes y abarcó, el problema del método en la Economía, el principio de utilidad benthamita, de lo mejor para los más posibles, el concepto de libertad individual y la teoría del gobierno representativo. Me centraré en las aportaciones económicas. La gran obra de Mill son sus *Principios de Economía Política*, publicada en 1848, que trataré de resumir a continuación.

Contribuciones a la teoría del valor

Mill fue el primer economista de la tradición clásica británica que conceptualizó claramente la demanda y la oferta como relaciones funcionales, y el equilibrio competitivo como la solución a un sistema de ecuaciones. Tuvo su precedente en Cournot en Francia. Sin embargo, él fue el que influyó en Marshall para que después desarrollara el equilibrio parcial. Para explicar los precios relativos Mill distingue tres casos diferentes. El primer caso es el de la oferta absolutamente limitada. En este caso el precio dependerá de la demanda y la oferta, situación para él típica del corto plazo. El segundo caso se trata de una oferta susceptible de multiplicación indefinida, aunque sin incrementos de coste. En este caso el precio dependerá del coste de producción, como en el caso de Adam Smith. Finalmente, en el tercer caso se tiene una oferta susceptible de multiplicación indefinida, aunque con incrementos de coste de producción en cuyo caso el precio se fijará por el coste de producción en el peor de los escenarios posibles o en las circunstancias más desfavorables. Si al primer caso lo consideraba Mill como de corto plazo, para él los dos casos siguientes eran claramente de largo plazo.

Mill generalizó el concepto de renta económica diciendo que cualquier factor cuya oferta escasee puede generar una renta diferencial para su propietario. Por otro lado, abordó la producción conjunta de bienes y la determinación de precios en este caso. En particular analizó el caso de la producción conjunta de dos bienes en condiciones de proporciones fijas y concluyó que en este caso la determinación del precio sería en el largo plazo igual al coste medio conjunto, desapareciendo los beneficios extraordinarios. Del caso anterior extiende una teoría de las demandas recíprocas que aplica al comercio internacional y que posteriormente representarían gráficamente Marshall y Edgeworth. En particular, determina el precio de equilibrio internacional para un modelo de dos países y dos mercancías. Fue crítico con la teoría de las diferencias salariales de Adam Smith, y consideró excepciones importantes que vendrían dadas por una educación diferencial como mecanismo de perpetuación de clase, y por la existencia de grupos no competitivos.

Contribuciones a la teoría del capital

La teoría del capital de Mill se sitúa dentro de la tradición de Adam Smith y de David Ricardo, en la que consideran el capital como fondo de salarios. Su teoría del capital puede resumirse en cuatro proposiciones básicas. La industria está limitada por el capital, el capital es el resultado del ahorro del pasado; el capital, aunque es el resultado del ahorro del pasado, es consumido, esto es, se consume lo que ya se ha producido, dado que es fondo de salarios anticipado a los trabajadores, y, finalmente, no puede haber más trabajo productivo que el necesario para alimentar y proveer de materiales para la producción que se ha asignado a tal fin. Esto es, la demanda de productos no es demanda de trabajo.

Contribuciones al crecimiento económico

Al igual que David Ricardo el crecimiento económico para Mill estaba limitado por los rendimientos decrecientes en la agricultura y la reducción de incentivos para invertir. No obstante, para Mill el estado estacionario de Ricardo no era una situación a evitar, sino que le sirvió para que una vez llegado al mismo se podían abordar los problemas de equidad en la distribución de recursos y desarrollar un programa de reformas sociales.

Capítulo 10
LAS HETERODOXIAS CLÁSICAS MÁS POPULARES

Las heterodoxias clásicas tienen a tres autores principales: Karl Marx, Friedrich Engels y Max Weber.

Karl Heinreich Marx (1818-1883)

Karl Heinreich Marx estudió leyes primero en Bonn y luego en de Berlín en la Universidad de Humboldt, aunque se le puede considerar filósofo, economista, historiador, sociólogo y periodista.

La doctrina del materialismo histórico ha sido expuesta en multitud de ocasiones. No hace falta por tanto demasiado espacio para aclarar su significado. Sus autores son Marx y Engels. Bastará pues con algunos conocidos pasajes de Engels para describir con claridad su contenido. Dice Engels (1971): "Puede verse que toda la historia pasada, con excepción de los orígenes primitivos, ha sido la historia de las luchas de clases: que las clases contendientes dentro de la sociedad son siempre productos de los modos de producción de intercambio, en una palabra, productos de las condiciones económicas de cada época; que la estructura económica de la sociedad proporciona siempre la base real, a partir de la cual, podemos obtener la explicación última de toda la superestructura de las instituciones jurídicas y políticas, así como de las ideas religiosas, filosóficas... de un periodo histórico determinado". En otro pasaje, Engels (1971) se expresa en estos términos: "La concepción materialista de la historia tiene su origen en la idea de que la producción de los medios de sustento para la vida humana y, junto con la producción, el intercambio de los artículos producidos, constituye la base de toda la estructura social,... las causas finales de todos los cambios sociales y revoluciones políticas hay que buscarlas, no en los cerebros de los hombres, no en las nociones humanas de verdad eterna y de justicia, sino en los cambios que tienen lugar en los modos de producción y de intercambio". Estos pasajes nos describen ante todo una teoría de la historia, o, mejor dicho, *una metafísica de la historia*; y más concretamente una concepción evolutiva del proceso histórico, de carácter (aparentemente al menos) determinista y automático. En estos textos aparece también la idea de que el estudio de la Economía contiene la clave para entender toda la historia humana.

Marx, sin duda, adoptó el término "materialista" porque, para él, la "materia", era la realidad última. Todo es "materia", para Marx, y toda causalidad es, en última instancia, causalidad física. Sin embargo, como señala Becker (1976) es evidente que la concepción "economicista" de la historia puede separarse del materialismo filosófico, sin sufrir ninguna alteración. Este es el caso, por ejemplo, de la Escuela de Chicago muy lejos de los planteamientos marxistas. Como sostiene Russell (1961): "no existe conexión lógica alguna entre el materialismo filosófico y lo que se conoce como "concepción materialista de la historia". Se podría adoptar una "concepción materialista" de la historia en la que las causas económicas no tuvieran importancia: por ejemplo, explicándolo todo en función del clima y de la biología. El materialismo, en esencia, sostiene que todo lo que existe tiene causas físicas y que los fenómenos puramente "mentales" tienen en última instancia, causas físicas. Podemos, por tanto, concebir explicaciones "materialistas" que no sean "economicistas". Por otra parte, aun cuando admitiésemos que todos los fenómenos históricos tienen causas económicas, no por ello estaríamos admitiendo una explicación "materialista". Podríamos pensar, por ejemplo, que las motivaciones económicas de los individuos no son del orden "material" sino que pertenecen a un orden "espiritual"; simplemente, que la materia y la causalidad física no bastan para explicar las motivaciones económicas de los individuos. Se ha dicho antes que para Marx el estudio de la Economía contiene la clave para entender la historia humana.

Esto nos lleva a preguntarnos lo siguiente: ¿Cómo puede la mente humana llegar a conocer las leyes económicas que gobiernan la evolución de la sociedad? Suponiendo, claro está, que tales leyes existan. Antes de intentar responder a esta cuestión, conviene analizar un poco la pregunta misma. La pregunta acerca de cómo descubrir una determinada "verdad objetiva". En este caso, la "verdad objetiva" se refiere a las leyes históricas, cuya existencia se supone independiente del acto de conocerlas y del sujeto que las conoce.

Podría parecer que tal pregunta no encaja muy bien dentro de la Filosofía general de Marx, pues Marx no reconoce la existencia de verdades objetivas en el sentido mencionado. El siguiente pasaje, procedente de las "*Tesis sobre Feuerbach*" ilustra cómo concibe Marx (1845) el problema filosófico de la verdad: "La pregunta acerca de si la verdad objetiva pertenece al pensamiento humano no es cuestión teórica sino práctica. La verdad, es decir, la realidad y el poder, del pensamiento debe demostrarse en la práctica. El debate sobre la realidad o irrealidad de un pensamiento separado de la práctica es una cuestión puramente académica ...". En este texto Marx parece proponer una concepción pragmatista o instrumentalista de la verdad. Es decir, más que preguntar acerca de la "verdad objetiva" de una teoría, parece que debería preguntarse: ¿para qué sirve esta teoría? Parafraseando una cita muy conocida de Marx, los economistas, al igual que todos los científicos y filósofos, se ocupan demasiado de interpretar el mundo; su verdadera tarea, sin embargo, debería ser la de cambiarlo.

Marx rechazó la vieja concepción del conocimiento (heredada de la filosofía griega) como actividad estrictamente contemplativa.

Según Marx, siempre se ejerce una actividad sobre el mundo, incluso en el acto más simple de "percepción" o "sensación". El sentido que tiene, para Marx, el vocablo "conocer" es el de ser capaz de actuar sobre los objetos del mundo exterior, alterándolos. Por eso, "conocer" implica "cambiar". No tiene pues sentido preguntarse por una "verdad objetiva", independiente del observador y del propio acto de conocer. Esta postura de Marx que se acaba de exponer presenta, como sostiene Russell (1961), un claro paralelismo con la de los filósofos pragmatistas de la línea de John Dewey. Por tanto, para analizar la postura de Marx con sus mismos criterios, no se debería preguntar si su teoría de la historia es "objetivamente" verdadera o falsa; la pregunta relevante tendría que ser, ¿para qué sirve la concepción materialista de la historia? O, más concretamente, ¿sirve de hecho la concepción materialista de la historia para transformar el mundo en el sentido deseado por Marx?

No voy a discutir aquí la "veracidad práctica" del materialismo histórico. Por el contrario, seguiré estando interesado en la "verdad objetiva" de esa concepción; lo cual, por otra parte, tampoco está en contradicción con la totalidad del pensamiento marxista. En palabras de Russell (1961): "Marx sostuvo sin duda que ciertas proposiciones son "verdaderas" en un sentido no exclusivamente pragmático. Cuando Marx relata, en *El Capital*, las crueldades del sistema industrial expuestas por las Comisiones Reales, ciertamente afirma que tales crueldades tuvieron lugar, y no solamente que se pueden derivar acciones ventajosas de suponer que tuvieron lugar. Del mismo modo, cuando profetiza la revolución comunista, él cree que dicho suceso ocurrirá, no simplemente que es conveniente pensar que va a ocurrir".

También, podríamos agregar, cuando Marx habla de la concentración del capital o del empobrecimiento creciente del proletariado, parece legítimo pensar que se refiere a hechos reales; que no se trata de simples supuestos más o menos convenientes para el logro de determinados fines. Existen pues en Marx dos puntos de vista sobre el problema de la verdad: una concepción pragmatista o instrumentalista que es la expuesta en las *Tesis sobre Feuerbach*; y otra, más convencional, que es la que parece inspirar el análisis económico del *El Capital*. Esta segunda concepción es la que adoptó después Engels (1820-1895), en Engels (1972,) como nos muestra el siguiente párrafo de su obra *Socialismo Utópico y Científico* en donde dice: "La prueba del pastel consiste en comerlo... No existe un solo caso hasta ahora en que nos hayamos visto obligados a concluir que nuestras percepciones sensoriales, científicamente controladas, inducen en nuestras mentes ideas acerca del mundo exterior... distintas a la realidad, o ideas que impliquen una incompatibilidad inherente entre el mundo exterior y nuestras percepciones sensoriales acerca del mismo". O sea, para Engels (1972), existen ciertas realidades en el mundo exterior que se pueden conocer a través de las percepciones sensoriales, siempre que éstas estén "científicamente controladas". Como dice Russell (1961) "no existe –en el pasaje citado– traza alguna... del pragmatismo de Marx, ni de la doctrina de que los objetos sensibles son el producto de nuestra propia actividad sensorial".

Volveré ahora a la pregunta realizada anteriormente: ¿Cómo puede la mente humana descubrir las leyes económicas que gobiernan la evolución de la sociedad humana? Si es que tales leyes existen. Marx sin duda pensó que esas leyes podían ser descubiertas reflexionando sobre la historia humana. Él había heredado de Hegel la idea de que el mundo se desarrolla según una fórmula lógica, y pensó que para descubrir dicha fórmula bastaba con meditar sobre la historia con la mente suficientemente despejada. Lo importante era, para Marx, ser capaces de separar ciertos elementos esenciales de toda la trama de datos históricos. Tales elementos son, en el esquema marxista, los que definen las "condiciones materiales de la existencia" o infraestructura económica de la sociedad. Él creyó encontrar estos elementos en ciertas categorías generales, como, por ejemplo, las "relaciones de producción", las "fuerzas productivas" y los "modos de producción"; y, con ellos construyó un gran esquema explicativo acerca de la evolución histórica de la sociedad, y especialmente de la sociedad capitalista.

Marx, desde luego, no dio ningún criterio para distinguir los elementos esenciales para el análisis histórico de los que no lo son. Tampoco prestó mucha atención al problema que se puede plantear a la hora de seleccionar entre varias interpretaciones alternativas (Popper, 1963). Él, desde luego, no proporcionó ningún criterio para proceder a la verificación de las mismas. Por tanto, sería muy fácil criticar su postura desde los puntos de vista habituales en la actual Filosofía de la Ciencia. A pesar de todo, se puede considerar la "concepción materialista de la historia" cono una metafísica útil. Es decir, se puede interpretar como un conjunto de hipótesis generales sobre la historia que puede servir para analizar hechos históricos concretos y relacionar los unos con los otros. Está fuera de toda duda razonable que hechos tales como la Revolución Industrial tuvieron una importancia decisiva en la evolución de las ideas políticas y religiosas en la Europa Occidental. Tampoco parece razonable ignorar la influencia de los cambios económicos de nuestra sociedad sobre la emancipación de las mujeres y sobre la estructura de la familia. Todos estos son casos típicos en los que habitualmente se utilizan argumentos económicos para explicar "fenómenos superestructurales" y tales explicaciones son generalmente aceptadas. La tendencia a explicar en términos económicos el comportamiento humano y las instituciones en general está también bastante acentuada en la Economía moderna. Esta tendencia, podemos agregar, ha surgido de la Escuela de Chicago, bastante desvinculada de la tradición marxista (Becker, 1976).

Marx concibe la historia como una sucesión de "modos de producción", cuya dinámica se explica a través de la tensión continua entre dos elementos:

1) "fuerzas productivas", que son el elemento que genera el cambio; y 2) "relaciones de producción", que son el elemento retardatario. El conflicto entre las "fuerzas productivas" y las "relaciones de producción" asume la forma de "lucha de clases" (los esclavos frente a sus amos, los siervos frente a los señores feudales y los obreros frente a los capitalistas) de modo que se puede decir que el cambio histórico –el paso de un modo de producción a otro– es siempre el resultado de la lucha de clases. De hecho, Marx al igual que Engels sostienen que el origen del Estado es para preservar la propiedad privada de los privilegiados frente a los desposeídos. Este argumento ya se ha puesto en duda anteriormente en este texto cuando sosteníamos que la propiedad privada es anterior al origen del Estado como consecuencia de aprovechar los recursos más eficientemente.

La filosofía de la historia de Marx está desarrollada a partir de la dialéctica, con un planteamiento materialista y constituye una metodología heterodoxa para explicar la evolución de la historia de la humanidad.

El capitalismo como sistema explotador

Marx define el capitalismo a través de dos características: 1) propiedad privada de los medios de producción; y 2) división de la sociedad en dos clases sociales antagónicas, los capitalistas que son los dueños de los medios de producción y los trabajadores que sólo poseen su fuerza de trabajo y tienen que venderla para subsistir. ¿Ha existido alguna vez el capitalismo, tal como lo define Marx con estas dos clases antagónicas? La respuesta es no.

El interés principal de Marx en *El Capital* era estudiar la dinámica interna del capitalismo. No obstante, antes de acometer dicho estudio, Marx trató de desvelar la naturaleza explotadora del sistema capitalista. Este intento se conoce como *teoría de la explotación*. El concepto de explotación surge cuando una unidad de trabajo se intercambia por una cantidad de mercancías que incorporan menos de una unidad de trabajo (Schumpeter, 2012). Por otro lado, el concepto de plusvalía surge cuando existe un fruto del trabajo del proletario del que se apropia el capitalista. La dinámica del capitalismo según Marx se basa en las siguientes ideas:

1) El beneficio es la base de la acumulación de capital. Mientras hay beneficios hay acumulación y la actividad económica crece.
2) Existe una relación inversa entre salarios y beneficios.
3) Los salarios se determinan a través de mecanismos institucionales en gran medida independientes de la oferta y la demanda. Cuando el "ejército industrial de reserva" (EIR) es muy grande los salarios bajan y cuando el EIR es pequeño los salarios suben. Esto quiere decir que siempre hay desempleo en la economía; nunca se alcanza el equilibrio con pleno empleo.

4) La oferta y la demanda de trabajo no crecen de manera acompasada; las fases de crecimiento de la demanda no coinciden con las fases de expansión de la oferta; y esto genera un desequilibrio continuo que se trasmite a los demás sectores de la economía.
5) La demanda de trabajo crece como consecuencia de la acumulación de capital; pero también decae cuando se introducen innovaciones ahorradoras de trabajo.
6) La oferta de trabajo crece básicamente como consecuencia de la creciente polarización social (concentración de la propiedad).

A partir de estas ideas Marx articula una visión muy particular de la evolución del sistema capitalista que le permiten realizar las siguientes profecías: a) la "miseria creciente del proletariado"; b) la revolución proletaria; y c) la caída del sistema capitalista. Afortunadamente ninguna de tales predicciones se ha cumplido. Desde el punto de vista de la construcción de la teoría económica, el modelo seguido por Marx no difiere esencialmente del de Ricardo y los demás economistas clásicos. La teoría económica marxista se construye a partir de unos postulados fundamentales que se suponen ciertos o evidentes por sí mismos. En este caso, los postulados básicos hacen referencia a características del devenir histórico, tales como la separación de la sociedad en clases o la tendencia de los capitalistas a acumular riqueza. A partir de esos postulados, la construcción teórica no es más que un ejercicio lógico-deductivo.

En resumen, podemos decir que el análisis económico marxista no difiere sustancialmente del clásico desde el punto de vista de la modelización económica. Ofrece, sin embargo, dos novedades principales en relación con los clásicos. La primera consiste en adoptar, como punto de partida, *una metafísica de la historia*, que, como tal metafísica, no puede calificarse de verdadera ni de falsa; pero que, considerada como fuente de hipótesis de trabajo, se ha revelado bastante fructífera, y con un amplio contenido de verdad. La segunda novedad reside en considerar la Economía como una ciencia histórica, cuyas leyes sólo tienen validez dentro de un contexto claramente delimitado en el tiempo y en el espacio.

Friedrich Engels (1820-1895)

Friedrich Engels, en su análisis materialista de la historia destaca las aportaciones de Marx y de hecho ante su tumba realiza el siguiente discurso: "Así como Darwin descubrió la ley del desarrollo de la naturaleza orgánica, Marx descubrió la ley del desarrollo de la historia humana". En el mismo discurso refiriéndose a como la infraestructura económica condiciona a la superestructura política, religiosa, científica y artística, proseguía con las siguientes palabras: "...el hecho tan sencillo, pero oculto hasta él bajo la maleza ideológica, de que el hombre necesita, en primer lugar, comer, beber, tener un techo y vestirse antes de poder hacer política, ciencia, arte religión, etc.". Fue coautor de obras con Marx como las tituladas *La Sagrada Familia* (1844), *La Ideología Alemana* (1846), *Anti-Dühring* (1877) y *Del socialismo utópico al socialismo científico* (1880), y ayudó, además de financieramente, a ordenar las notas de Marx sobre *El Capital*. Aportaciones importantes, sin embargo, en mi opinión la aportación de Engels al materialismo es su obra *El origen de la familia, la propiedad privada y el Estado* publicada por primera vez en 1884. En esta obra realiza una aplicación de las tesis de Morgan en su *Anciant society*, en la que la lucha por la subsistencia de los más aptos y la herencia de los caracteres adquiridos tienen un lugar importante. Engels desea engarzar la obra de Morgan con el materialismo de Marx e idealizar la situación de la mujer en la futura sociedad sin clases, una vez desaparecida la propiedad privada e incluso el Estado. En su obra Engels deduce que el nacimiento de la propiedad privada da lugar a la desaparición del régimen matriarcal, afianzado en la consanguinidad por el lado materno, y con ello a la relegación de la mujer a un plano marginal desde las primeros Estados hasta su época. De hecho, en Engels (1971) escribe: "La señora de la civilización, rodeada de aparentes homenajes (...) tiene una posición social muy inferior a la de la mujer de la barbarie, que trabaja firme". Engels de hecho tiene interés en poner de manifiesto que el desarrollo de la humanidad beneficia a la parte masculina más que a la femenina. No obstante, hay que decir que Engels idealiza tanto el pasado de la humanidad que su futuro de la humanidad se parece demasiado a ese pasado idealizado antes de la propiedad privada y del Estado.

Max Weber (1864-1920)

Max Weber se preguntó posteriormente si el planteamiento de Marx y Engels era acertado. Esto es, si la infraestructura económica, con sus modos de producción, condicionan la superestructura del mundo de las ideas, de la filosofía y de la religión. Así escribió su obra principal *La ética protestante y el espíritu del capitalismo,* en 1904. Así se pregunta ¿cómo surge el espíritu capitalista? Y, encuentra una posible respuesta en los cambios religiosos de los siglos XVI y XVIII, donde surge la nueva fe cristiana protestante del noroeste de Europa y Estados Unidos. De hecho, la respuesta, para él, está en el mensaje protestante del trabajo duro para hacer un mundo mejor en el futuro, el ahorro, la frugalidad y el rechazo al lujo. Así explica Weber la acumulación de capital necesaria para la revolución industrial. En cierto modo está diciendo lo contrario que Marx y Engels. Son las ideas, en este caso religiosas, las que condicionan desde la superestructura al modo de producción de la infraestructura. Weber dice que la reforma protestante favorece la acumulación de capital necesaria para la revolución industrial. No solo las ideas sino la racionalización. Esto es, las ideas del protestantismo, en sus diversas facetas, como el calvinismo, que acaban configurando la superestructura dan lugar a los cambios de la infraestructura y no a la inversa como defendían Marx y Engels. La explicación de Max Weber ignora el desarrollo capitalista con la navegación comercial de las ciudades italianas, como Venecia, Génova, Florencia, y de países como Portugal, de España, Flandes e Inglaterra que se producen en época católica. Por otra parte, la ética protestante calvinista enfatiza el trabajo, la frugalidad y el éxito como señales de predestinación de los elegidos. La predestinación calvinista no deja de ser una contradicción. Si las cosas ocurren porque tienen que ocurrir qué incentivo tienen los calvinistas para acumular capital.

Capítulo 11
LOS NEOCLÁSICOS

El sistema económico del siglo XIX está marcado por la segunda revolución industrial. El salto tecnológico en transporte marítimo y ferroviario con la incorporación de la máquina de vapor que se había dado ya en la primera revolución industrial mejora ostensiblemente. Además, comienza la aplicación de la química en los procesos industriales. Aparecen dos grandes innovaciones tecnológicas como fueron la electricidad y el motor de combustión.

Cada vez tienen más peso Gran Bretaña y Estados Unidos en el comercio y la economía mundial, en donde esta segunda revolución industrial tiene un desarrollo espectacular que en cierto modo hace entrar en crisis a las empresas ligadas a la primera revolución industrial que no se han modernizado. Esto hace que la concentración de capital en empresas multinacionales tenga un tamaño cada vez mayor.

La primera gran crisis económica coincide y no es casualidad con la segunda revolución industrial a finales del siglo XIX. Muchas empresas van al cierre, mientras otras grandes factorías más modernas llegan y los trabajadores están desconcertados. La influencia de los marxistas y del movimiento obrero da lugar a la creación de las primeras asociaciones internacionales de trabajadores inspiradas en las ideas del socialismo científico.

La Escuela Neoclásica nace a finales del siglo XIX con cuatro obras principales: *Teoría de la Economía Política* de William Stanley Jevons en 1871; *Principios de Economía* de Carl Menger también en 1871; *Elementos de Economía Política Pura* de Leon Walras en 1877; y *Principios de Economía* de Alfred Marshall en 1890.

Es sin embargo Alfred Marshall quien sintetiza las obras de los anteriores, acompañando los aportes de los pensadores clásicos y dando forma a los fundamentos de la que se ha denominado escuela marginalista, además de neoclásica. El énfasis ya no está en la macroeconomía del crecimiento sino en la microeconomía del comportamiento del consumidor y del productor.

La "revolución neoclásica o marginalista" busca más cientifismo, desea parecerse más a la Física de Newton que con sus leyes generales había revolucionado el conocimiento doscientos años antes. Así el término "Economía política" se reduce a "Economía" (*Economics* por emulación de *Physics*). Walras primero y Marshall después, proponen una ciencia cada vez más formalizada matemáticamente, con cálculo diferencial e integral desarrollado por Newton, y autónoma respecto de las ciencias morales y políticas.

Se observa la Economía desde una perspectiva individual y se llega al agregado de individuos, no de clases sociales. Rige la "armonía social" pues los individuos se consideran todos iguales, no están categorizados en clases como suponían Quesnay, Smith, Ricardo y Marx, por ejemplo.

La oferta de trabajo, es, por lo tanto, la que realiza cada trabajador individualmente.

Los procesos económicos se explican a través del comportamiento psicológico de los sujetos (*Homo Economicus*). Para los marginalistas, independientemente del contexto histórico, el sujeto (individuo o empresa) actúa racionalmente. Siempre tiene diversas necesidades a satisfacer (alimentación, vivienda, y ocio), pero dispone de recursos insuficientes.

El problema central de la Economía en los neoclásicos es "cómo maximizar el placer". Cómo satisfacer necesidades dado un presupuesto limitado. Los individuos, por lo tanto, tratan de maximizar su utilidad y beneficio mediante elecciones basadas en la información disponible (completa y relevante). Se busca la equiparación de la ciencia económica con las ciencias naturales. Según los neoclásicos, el ser humano siempre se ha enfrentado al problema universal de "necesidades ilimitadas y recursos escasos". Por lo tanto, la ciencia económica está facultada para formular leyes como las de la naturaleza que se cumplan en todo tiempo y lugar. Las leyes económicas se creía que podrían llegar a ser absolutas y objetivas.

Los neoclásicos pretenden ser ideológicamente neutrales, en sus formulaciones aplican fórmulas e instrumentos que se toman de la Física. Las Matemáticas pasan a ocupar un rol central en la nueva ciencia económica.

Los neoclásicos toman como herencia de la Economía Política clásica la importancia de la utilidad, pero ponen más énfasis en la utilidad de la última unidad marginal más que en la utilidad total.

También comparten con los clásicos la visión del mundo económico caracterizada por la división del trabajo, la propiedad privada de los medios de producción, los mercados y la Ley de Say. Finalmente, los neoclásicos comparten con los clásicos el modelo de Estado limitado a una serie de funciones esenciales para el funcionamiento de la actividad económica.

El enfoque filosófico utilitarista que ya había formulado Bentham sirve de inspiración a los neoclásicos.

En cuanto a la teoría del valor según el enfoque clásico, el valor se determina según lo que ocurra en el ámbito de la producción. Ya sea según el coste de producción (Smith) o según el trabajo invertido en la producción (Ricardo y Marx). Por la tanto los productos o bienes para el consumo salen de la factoría con un precio objetivo. En la teoría subjetiva del valor de los neoclásicos el valor se determina en el momento del intercambio. Surgen del juicio del consumidor a cerca de la utilidad de los bienes en su última unidad (utilidad marginal) y del coste de producción de la última unidad de producción (coste marginal) que en equilibrio proporcionan un precio de mercado. Dentro de los neoclásicos, no obstante, Menger no está de acuerdo con este planteamiento ya que para él no hay nada objetivo que determine el precio. Menger fue quien resolvió de manera más clara la paradoja del agua y los diamantes de Smith. Lo importante para los consumidores es la utilidad marginal, esto es, la última unidad del bien, no la utilidad total, así se pone de manifiesto la importancia de la escasez.

Menger clasificó los bienes en bienes libres, sobre los que no se ejerce propiedad privada, como el agua y el aire; y, al resto de los bienes los denominó bienes económicos. Los bienes económicos para Menger son aquellos que, además de útiles, son escasos.

A continuación, se van a resumir las principales diferencias entre el paradigma clásico y neoclásico. En cuanto al tiempo, los clásicos estaban preocupados por las causas y las consecuencias a largo plazo del crecimiento económico. En cambio, los marginalistas estaban preocupados por el corto y el largo plazo. El tamaño de la población, los gustos de los consumidores, las existencias de capital y de recursos naturales y la tecnología de la producción, se consideran dados para los marginalistas.

Para maximizar su utilidad el consumidor seguirá el principio de equimarginalidad. Esto es el consumidor gastará la última unidad de dinero en cualquier bien particular que le produzca la misma utilidad marginal que la última unidad gastada en cualquier otro bien. Lo anterior implica que la elección del consumidor sigue la lógica del coste de oportunidad.

Hoy en día, el enfoque de la escuela neoclásica predomina entre los economistas. Aunque existen muchas críticas a varios de los supuestos de la escuela neoclásica, frecuentemente algunas de estas críticas han sido incorporadas en nuevas versiones de la teoría neoclásica.

Como características básicas de la escuela neoclásica se pueden citar las siguientes:

1) Se trata de un análisis centrado en los mercados y en los procesos de formación de los precios y los problemas relacionados con el crecimiento económico quedan marginados.
2) El problema central es la asignación de los recursos desde una perspectiva esencialmente estática.
3) Se adopta una perspectiva microeconómica del análisis de las decisiones individuales (maximización de la utilidad, maximización del beneficio) y se adopta la perspectiva del "individualismo metodológico".

4) Se adopta un enfoque marginalista por el cual se supone que las acciones humanas se pueden graduar a lo largo de una escala y son perfectamente divisibles.

¿Por qué se produce el cambio de la economía clásica a la neoclásica? La propia realidad de la segunda revolución industrial hizo probablemente necesaria una nueva teoría económica como la neoclásica en la que la principal conclusión es que los mercados, si no interviene el Estado, tienden por sí mismos a una competencia perfecta. Esto tuvo tanta transcendencia que incluso se aprobaron leyes antimonopolio y de defensa de la competencia que hoy en día siguen en vigor.

1. PRECURSORES DEL ANÁLISIS NEOCLÁSICO

Los tres precursores principales del análisis neoclásico fueron: Antoine Cournot con su obra *Researches into the Mathematical Principles of the Theory of Wealth,* publicada en 1838; Jules Dupuit con su libro *On the Measurement of the Utility of Public Works*, publicado en 1844; y Hermann Heinrich Gossen con la publicación en 1854 de *Development of the Laws of Human Relationships*.

Antoine Cournot (1801-1877)

Antoine Cournot fue el primero en aplicar el análisis marginal a la teoría de la empresa. Cournot construye una teoría general de los precios empezando por el caso de monopolio (una sola empresa) y continuando con casos cada vez más complicados (dos, tres, hasta un gran número de empresas). Su análisis permite por primera vez el paso del equilibrio parcial al general a partir del comportamiento estratégico de los productores.

Jules Dupuit (1804-1866)

Jules Dupuit fue quien dio los primeros pasos en el Análisis Coste-Beneficio, abordando el problema de la medición del beneficio social a partir de la curva de demanda y la "disposición a pagar" de los usuarios y consumidores. También introdujo la utilidad absoluta y utilidad relativa. Es el primer autor que se ocupa de proporcionar una herramienta para la toma de decisiones públicas del tipo de lo que hoy conocemos como el Análisis Coste-Beneficio (Schumpeter, 2012).

Hermann Heinrich Gossen (1810-1858)

Hermann Heinrich Gossen fue quien dio una asignación óptima del tiempo y formuló las "Leyes de Gossen" relativas a la conducta racional. Fue uno de los primeros autores que se ocuparon del valor del tiempo y de formular leyes de la conducta racional del comportamiento del consumidor fundamentadas en la equimarginalidad de la utilidad obtenida por el presupuesto asignado al consumo de los distintos bienes.

2. EQUILIBRIO GENERAL DE WALRAS

Leon Walras (1834-1910)

Leon Walras construye lo que hoy conocemos como el modelo de equilibrio general walrasiano. En realidad, no es un modelo, sino que se trata de cuatro modelos.

El primero es el *modelo de intercambio puro*. Los datos de este modelo son las preferencias de los individuos y las dotaciones de bienes finales de cada uno. Los únicos mercados existentes son los mercados de bienes finales. Las ofertas de dichos bienes están dadas y las incógnitas son los precios relativos de los mismos.

El segundo modelo incluye las *decisiones de producción junto con las de consumo*. Los datos son las preferencias individuales, las técnicas productivas (funciones de producción) y las dotaciones de factores. Las ofertas de los distintos factores están dadas. Ahora tenemos mercados de factores además de los mercados de bienes finales. Las incógnitas son los precios relativos de los bienes finales y los precios (relativos también) *de uso* de los factores de producción.

El tercer modelo difiere del anterior en que *las ofertas de factores son variables*. Esto quiere decir que hay decisiones de ahorro y de inversión. Y si hay inversión, eso quiere decir que hay producción de bienes de capital. Por tanto, ahora tenemos que distinguir entre los mercados de "servicios de los factores" y los mercados de factores propiamente dichos. Para cada factor tendremos dos precios: el precio de uso (alquiler del factor) y el precio de la fuente (precio de compraventa).

El cuarto modelo es *un mercado de bonos*. Se supone también que las adquisiciones de factores de producción se financian con préstamos: los ahorradores emiten bonos y los inversores los compran. Por tanto, tenemos que considerar también la existencia de un mercado de bonos (o de créditos); y de un nuevo precio: el tipo de interés.

En los modelos anteriores el dinero es una simple "unidad de cuenta". En el último modelo aparece el dinero "de verdad", es decir, el dinero como depósito de valor. Esto quiere decir que, a los mercados de bienes finales, factores y crédito hay que agregar el mercado del dinero. El conjunto de incógnitas se amplía también: a los precios relativos hay que agregar ahora los precios "absolutos", es decir, los precios medidos en dinero.

En una economía competitiva se supone que todos los agentes son "precio-aceptantes". Por tanto, si todo el mundo es "precio-aceptante", tenemos que preguntarnos: ¿quién fija los precios?

Para responder a esta pregunta Walras propuso un modelo basado en la figura del "tanteador" (tâtonnement) que era una figura imaginaria que se encargaba "Deus ex machina" de casar cada oferta con cada demanda de cada uno de los mercados existentes. De esta manera Walras llegaba a probar la existencia de un vector de precios que vaciaba todos los mercados y conseguía el equilibrio general competitivo al resolver el sistema de ecuaciones de los diferentes mercados.

3. JEVONS Y MENGER: ¿UNA TEORÍA SUBJETIVA DEL VALOR?

William Stanley Jevons (1835-1882) y Carl Menger (1840-1921)

El principal objetivo de William Stanley Jevons, de la escuela neoclásica, y de Carl Menger, de la escuela austriaca, era construir una teoría subjetiva del valor. La teoría clásica del valor era "objetiva" (el coste de producción "determina" el precio). Estos autores hacen que el punto de vista cambie radicalmente y se empieza a decir que los precios están determinados por las "utilidades marginales" de los bienes.

Jevons y Menger introducen los conceptos de utilidad mensurable, utilidad marginal decreciente y funciones de utilidad cardinales, separables y aditivas.

El principal resultado de la teoría del valor de Jevons, así como de la teoría del valor de Menger, era la llamada "regla de equimarginalidad". Esto es el último euro gastado en cada bien por un consumidor racional ha de generar la misma utilidad marginal en todas las cestas de bienes.

Si aceptamos que los valores de los bienes de consumo están determinados por las utilidades marginales, ¿qué podemos decir acerca de los valores de los factores de producción? Tanto Jevons como Menger sostenían que los valores de los factores de producción estaban determinados por las utilidades de los bienes de consumo producidos con dichos factores y que se podrían inferir a partir de los valores de dichos bienes.

¿Podemos comparar las utilidades de los distintos individuos? Con esta teoría cardinal de la utilidad de Jevons y Menger es posible comparar utilidades de distintos individuos, es decir, si tenemos asignado un número a cada utilidad de cada individuo podemos comparar y decir qué individuo tiene un mayor nivel de utilidad. En definitiva, en el enfoque cardinal las utilidades son mensurables y por tanto comparables.

4. EQUILIBRIO PARCIAL DE MARSHALL

Alfred Marshall (1842-1924)

Alfred Marshall construye su teoría de la demanda comparando la utilidad marginal de la mercancía comprada con la utilidad marginal del dinero gastado en la adquisición de la misma. Marshall supone que la utilidad marginal de los bienes –a cada mercancía se le asigna una función de utilidad distinta–, es decreciente, mientras que la utilidad marginal del dinero, es constante. El criterio de optimalidad de Marshall es que la utilidad marginal de una mercancía es igual a la utilidad marginal del dinero por su precio. La función de demanda marshalliana se puede escribir pues como una función del precio de la mercancía y de su utilidad marginal del dinero. Esta función nos dice la cantidad de mercancía que el sujeto desea adquirir a cada precio: se trata pues de una función de *demanda ordinaria*.

Nótese que el cociente entre la utilidad marginal de la mercancía y la utilidad marginal de la renta no es otra cosa que la utilidad marginal de la mercancía medida en dinero. Por tanto, la función de demanda de Marshall también se puede leer como una función de *valoración marginal* estrictamente similar a la "curva de consumo" de Dupuit. Incluso el excedente del consumidor que propone Marshall tiene muchas similitudes con la teoría de la demanda de Dupuit.

Hay que observar que la función de demanda de Marshall no depende –formalmente por lo menos– de la renta ni de los precios de las demás mercancías. La influencia de estas variables se encuentra "camuflada" en la utilidad marginal del dinero y en la forma de la función de utilidad marginal. No obstante, haciendo las sustituciones oportunas es posible obtener funciones de demanda marshallianas dependientes de la renta y precios del propio bien y del resto de los bienes. A partir de aquí es posible definir bienes complementarios y sustitutivos y analizar la influencia de la renta en la demanda.

Marshall construye su teoría de la oferta comparando el precio de la mercancía vendida con el coste marginal de la mercancía producida. Distingue no obstante cuatro pasos diferentes:

1) Oferta a corto plazo. El principio del "precio igual al coste marginal".
2) El "día de mercado" y el corto plazo. Equilibrio y ajustes oferta-demanda.
3) Oferta de la industria y equilibrio a largo plazo. El mecanismo de entrada/salida y el concepto de "empresa representativa".
4) Economías externas, deseconomías externas y oferta a largo plazo. Las economías externas generarán precios decrecientes y las deseconomías externas precios crecientes.

Esta distinción de oferta a corto y largo plazo perdura en la teoría hasta nuestros días. El corto plazo es una situación en la que alguno de los factores de producción se considera fijo, mientras que el largo plazo es cuando todos los factores son variables. Marshall plantea el Análisis del Bienestar en términos de equilibrio parcial con máximo excedente social. Así la eficiencia de la organización competitiva requerirá la maximización del excedente social (excedente de los consumidores más el excedente de los productores) en condiciones de competencia.

Los problemas de las economías/deseconomías externas y los "fallos" de la organización competitiva Marshall propone resolverlos con regulaciones para el incremento del bienestar.

Capítulo 12
LAS DOS ESCUELAS DE ECONOMÍA DEL BIENESTAR

La primera pregunta que cabe hacerse es: ¿En qué consiste la Economía del Bienestar? La respuesta a esta pregunta es que, si bien en Economía los autores se ocupan de los hechos, esto es, de las proposiciones positivas, también existe un campo muy fructífero que trata de "lo que debe ser", esto es, de proposiciones positivas. Por eso se distingue entre Economía positiva y Economía normativa, esta última identificada con la Economía del Bienestar. Otra pregunta que surge es: ¿Qué entendemos por "bienestar"? La respuesta que se daba era la mayor utilidad –mayor bienestar– para el mayor número de individuos. Esta es la Economía del Bienestar antes de Marshall. Sin embargo, a partir de Marshall el bienestar económico se entiende como "eficiencia" de la industria competitiva desde un enfoque de equilibrio parcial.

1. LA VIEJA ESCUELA DE LA ECONOMÍA DEL BIENESTAR

La "vieja escuela" posee un enfoque basado en el Análisis Coste-Beneficio; el *beneficio social* se identifica con la *voluntad de pago*, que se supone mensurable a través de la función de demanda según Dupuit y Marshall.

El problema de las externalidades es abordado con diferentes argumentos de Marshall sobre las economías y las deseconomías externas. Toda la Economía del Bienestar se hace con análisis microeconómico neoclásico de equilibrio parcial y estática comparativa del excedente del consumidor y del productor.

El principio de la productividad marginal es la otra cara de la regla de maximización del beneficio, esto es que el coste marginal es igual al precio. Se puede demostrar fácilmente que si el coste marginal es igual al precio esto implica que el valor producto marginal de un factor variable es igual al precio de ese factor y eso es generalizable a todos los factores variables, y viceversa. Esto es, que si el valor producto marginal de un factor variable es igual al precio de ese factor eso implica que el precio es igual al coste marginal.

Los antecedentes de este principio se encuentran en von Thünen, Gossen y Ricardo. No obstante, la primera formulación clara del mismo se debe a Marshall, aunque Marshall ignoró este principio a la hora de construir las funciones de demanda de factores ya supuso funciones de producción de coeficientes fijos.

El primer análisis coherente de las *implicaciones distributivas* del principio en cuestión se encuentra en Ph. Wicksteed, K. Wicksell y J.B. Clark, los padres de la llamada "teoría neoclásica de la distribución".

2. LAS APORTACIONES DE WICKSTEED Y WICKSELL

Philip Wicksteed (1844-1927)

Philip Wicksteed, en su libro, *The Coordination of the Laws of Distribution*, trató de solucionar este problema reduciendo el caso de los rendimientos a escala constantes a una tautología: según él, si se tienen en cuenta todos los factores de producción, siempre tiene que haber rendimientos constantes.

Knut Wicksell (1851-1926)

La solución de Knut Wicksell en su libro *Lectures*, Parte II, cap. 1, va por otro camino. Wicksell admite la posibilidad de que existan rendimientos crecientes y/o decrecientes en alguna parte del dominio de la función –o las funciones– de producción. Lo único que requiere es que exista alguna zona –alguna parte del dominio de la función– donde se den rendimientos constantes a escala. Wicksell argumenta que la competencia –el mecanismo de entrada y salida– forzará a las empresas a operar en esta zona en el largo plazo.

Bates Clark (1847-1938)

Lo que hace John Bates Clark en su libro *The Distribution of Wealth*, publicado en 1899, es extraer las conclusiones pertinentes acerca de la distribución del producto nacional entre los dueños de los factores de producción a partir del principio de la productividad marginal. Clark presupone una dotación fija de factores (tierra, trabajo y capital), una organización perfectamente competitiva y una situación de equilibrio estacionario. En este contexto se tienen que cumplir dos condiciones. Primera, que el precio de equilibrio de cada factor ha de ser igual al valor del producto marginal del mismo (consecuencia de la hipótesis de la maximización del beneficio). Y, segunda, que el valor de la productividad marginal de cada factor ha de ser igual en todos los usos alternativos del mismo (consecuencia de la movilidad factorial).

Clark utiliza este resultado para construir una crítica al marxismo –concretamente la teoría marxista de la explotación– y para desarrollar una teoría alternativa de la explotación (la llamada "teoría neoclásica de la explotación", según la cual el trabajo es explotado cuando el salario está por debajo del valor de la productividad marginal correspondiente).

El teorema del agotamiento del producto se puede relacionar de manera inmediata con el teorema de Euler, lo cual implicaría que la función de producción tiene que ser homogénea de grado uno. En otras palabras, la función de producción ha de tener rendimientos a escala constantes. Esta conclusión parece indicar que para que funcione un sistema competitivo hay que imponer unas restricciones muy fuertes a la tecnología: no puede haber rendimientos crecientes ni decrecientes. ¿Es esto razonable? Las aportaciones de Wicksteed y Wicksell que veremos en el siguiente apartado tienen que ver con esta pregunta (Sánchez Molinero, 2015).

Críticas a la teoría de la productividad marginal

Existen dos tipos de críticas a la teoría de la productividad marginal. El primer tipo de críticas son las relacionadas con los límites a las posibilidades de sustitución entre factores. Esto es, en la función de producción anterior suponíamos que existían solo dos factores como el trabajo y el capital y que eran perfectamente sustituibles. ¿Qué ocurre si los factores de producción no son sustituibles? El segundo tipo de críticas son las relacionadas con las siguientes preguntas: ¿Qué determina a qué, la productividad marginal al salario o el salario a la productividad marginal? ¿Se puede definir la productividad marginal de un factor con independencia de su retribución? La respuesta a la primera pregunta es que el salario habrá de ser determinado por la productividad marginal. Esto es, se debe pagar a los trabajadores en función de su productividad marginal.

A la cuestión sobre si se puede definir la productividad marginal de un factor con independencia de su retribución la respuesta es que sí. Esto es, se puede determinar la contribución de la última unidad de capital o trabajo al producto total. En defintiva, se puede estimar la productividad marginal de un factor con independencia de su retribución.

Vilfredo Pareto (1848-1923)

Vilfredo Pareto fue el sucesor de Leon Walras en su cátedra de Lausana. Pareto aporta un criterio para valorar situaciones sociales (después llamado *criterio de superioridad de Pareto*): se dice que una situación es "mejor que otra"

–o "superior a otra" desde el punto de vista de Pareto– si al pasar de la segunda a la primera alguien mejora su nivel de utilidad y nadie empeora. Si al pasar de la segunda a la primera alguien empeora y nadie mejora decimos que la primera es inferior a la segunda.

Evidentemente, el criterio de Pareto es un criterio *incompleto*, ya que no permite comparar todas las situaciones posibles. Este criterio evita las comparaciones interpersonales de utilidad, aunque no logra evitar los juicios de valor.

Un óptimo de Pareto es una situación que no admite ninguna "mejora paretiana" (es decir, no existe ninguna situación que sea superior a esta en el sentido de Pareto).

3. LAS TEORÍAS DEL INTERÉS Y EL CAPITALISMO

Como se ha visto en capítulos anteriores en la antigüedad siempre se han realizado préstamos y se han cobrado intereses. El cobro de intereses ha tenido mala fama cuando era para préstamos al consumo necesario para mantener el "statu quo" o para aventuras emprendedoras loables desde el punto de vista social. Además, en muchos casos y hasta que la esclavitud fue abolida el impago de deudas e intereses conllevaba el paso de hombre libre a esclavo. Se ha visto como los romanos cobraban un 10% de interés anual por sus préstamos de un modo legal. También la Iglesia Católica recogiendo las enseñanzas de Santo Tomás de Aquino, acaba autorizando el cobro de intereses –razonables, no usureros– por los préstamos realizados, tal y como se ha visto anteriormente.

Se ha mencionado que la primera crisis económica de 1870 a 1890 tuvo como causa fundamental la competencia de los emprendedores de Francia, Alemania y de la nueva nación norteamericana frente al Reino Unido en lo que se denominó la segunda revolución industrial. Lo que puede denominarse la primera gran crisis mundial fue de sobreproducción, competencia, caída de los precios, salarios y derechos sociales en alza.

Para superar esta primera crisis mundial desde los gobiernos se favoreció el surgimiento de "nuevos emprendedores" para la creación de nuevos instrumentos financieros, de las grandes sociedades anónimas, de las acciones y obligaciones. La crisis fue superada gracias a los "nuevos emprendedores financieros" sobre todo por la expansión generalizada del mercado de valores y porque la cultura financiera se había extendido. Los bancos pasaron de ser pequeños, de dedicarse al cambio de moneda y a tareas de prestamista, a concentrarse en fusiones y constituirse en verdaderos *motores financieros de emprendedores de la industria*.

Por aquella época surgieron las primeras teorías más o menos elaboradas sobre el tipo de interés. Esto es lo que se presenta en las siguientes líneas con el autor Eugene von Böhm-Bawer. Este autor probablemente haya elaborado una de las teorías más conocidas y de la razón de ser de los tipos de interés.

Eugene von Böhm-Bawerk (1851-1914)

La teoría del interés de Böhm-Bawerk (*Capital e interés*, 1884) da tres razones para la existencia del tipo de interés. La primera es que la gente tiende a sobreestimar sus recursos futuros. La segunda es que la gente tiende a subestimar sus necesidades futuras. La tercera que los bienes actuales son "técnicamente superiores" a los futuros.

Las dos primeras razones hacen referencia a algo que podríamos llamar "preferencias miopes" o simplemente *miopía*. La gente no es capaz de percibir adecuadamente el futuro. Esto es, la utilidad marginal de un bien hoy es mayor que la utilidad marginal de un bien mañana. Lo que quiere decir que la relación marginal de sustitución entre consumo presente y consumo futuro ha de ser siempre y para todo el mundo mayor que uno.

¿Es la miopía condición necesaria para la existencia del interés? ¿Es condición suficiente? Ni lo uno ni lo otro; lo único que podemos afirmar es que, si todo el mundo tiene preferencias temporales miopes *y además existe un mercado de créditos*, el tipo de interés de equilibrio será positivo (Sánchez Molinero et al., 1999).

La tercera razón hace referencia a los métodos indirectos de producción: los bienes presentes pueden ser invertidos hoy – transformados en capital– y reinvertidos mañana, a medida que se vayan recuperando los rendimientos de las inversiones anteriores. En cambio, los bienes futuros solo se pueden invertir en el futuro. En este sentido, se dice que los bienes actuales son "técnicamente superiores" a los bienes futuras. Böhm-Bawerk cree que esta razón garantiza por sí sola la existencia de un tipo de interés positivo.

4. LA TEORÍA DEL INTERÉS DE IRVING FISHER

Irving Fisher (1867-1947)

Otro autor que elaboró una teoría sobre el tipo de interés fue Irving Fisher que publicó en 1930 el libro titulado *The Theory of Interest*. Posiblemente Fisher desarrolló la versión más acabada de las teorías del interés. Su análisis se basa en dos principios: a) *willingness principle* o principio de la preferencia temporal; y b) *opportunity principle* o principio de oportunidad o de la productividad del capital. El primer principio tiene que ver con la demanda y también con la oferta de préstamos. El segundo principio tiene que ver solamente con la demanda de préstamos. El primero tiene como base las preferencias. El segundo la tecnología. El análisis de Fisher tiene como base el proceso de maximización de la utilidad desde una perspectiva intertemporal. Dicho análisis se descompone en dos fases. En la primera fase se trata de calcular la "restricción presupuestaria óptima". En la segunda fase se resuelve el problema de maximización de la utilidad propiamente dicho. El resultado de este análisis es un plan de gastos a lo largo del tiempo. Esto es el plan que maximiza de la utilidad del individuo que toma la decisión. Este plan conlleva unas decisiones de ahorro y unas decisiones de inversión (qué hacer con los ahorros). A partir de esta base se obtienen las funciones de oferta y demanda de créditos, que son las que determinan el tipo de interés de equilibrio (Sánchez Molinero et al., 1998).

Elegir la "restricción presupuestaria óptima" quiere decir combinar de la mejor manera posible las oportunidades que ofrece la inversión directa en bienes de capital (compra de máquinas o de edificios, por ejemplo) con las que ofrece la inversión financiera (hacer de prestamista para con los demás).

Conclusiones principales del análisis de Fisher (Sánchez Molinero et al., 1998). En primer lugar, la conclusión es que existe el llamado "principio de separación", el cual permite separar las decisiones de inversión en capital físico de las decisiones de financiación (determinar si una inversión se va a pagar con fondos propios o con fondos ajenos). Con mercados de capital competitivos los dos tipos de decisiones serían *independientes*.

En segundo lugar, una conclusión importante es que la maximización de la utilidad intertemporal implica la *maximización del valor presente* –el valor descontado de acuerdo con el tipo de interés de mercado– de los rendimientos esperados de las inversiones.

En tercer lugar, la conclusión que se extrae es que el tipo de interés de equilibrio de Fisher ha de ser igual a la *tasa de preferencia temporal* (tasa de descuento subjetiva) de todos los individuos y también igual a la *productividad marginal del capital* (rentabilidad marginal de las inversiones). En este sentido se puede decir que el tipo de interés de Fisher es una medida de las preferencias temporales de los individuos (algo esencialmente subjetivo) a la vez que una medida "objetiva" de la rentabilidad del capital.

La teoría del interés de Fisher es una teoría real. En ella no se tiene en cuenta la posible influencia de los factores monetarios, esencialmente, los procesos de creación y destrucción de dinero, sobre el tipo de interés (Sánchez Molinero et al., 1998). Wicksell analiza precisamente la influencia de los factores monetarios en el tipo de interés distinguiendo entre tipo de interés "bancario" y tipo de interés "natural". Los procesos y destrucción de dinero hacen que ambos tipos difieran, lo cual va asociado a procesos inflacionistas o deflacionistas. No obstante, cuando cesan las "perturbaciones monetarias", los tipos de interés bancario y natural vuelven a coincidir y la economía recupera su equilibrio estacionario.

5. DE NUEVO LA VIEJA ESCUELA DE LA ECONOMÍA DEL BIENESTAR

Arthur Cecil Pigou (1877-1959)

Arthur Cecil Pigou contribuyó con la distinción entre costes y beneficios privados y sociales. Fue el artífice de la *ingeniería fiscal* como solución de los problemas relacionados con las externalidades. Pigou fue pionero de la Economía del Bienestar con los impuestos usados para corregir las externalidades. Su obra serviría de base, algunos años más tarde, para el teorema de Coase. La Economía del Bienestar de Pigou fue estimulada por su preocupación por el desempleo y por otros problemas sociales. Pigou interpretó el bienestar económico como un estado de ánimo subjetivo, que era ordinalmente mensurable y que podía ser relacionado con la unidad de medida del dinero. Su imagen objetiva era la renta nacional, ciertas variaciones de la misma eran identificadas con sendas variaciones del bienestar económico. El bienestar económico podía mejorar con el aumento de la renta nacional, con su más amplia distribución y con su mayor estabilidad.

6. LA NUEVA ESCUELA DE ECONOMÍA DEL BIENESTAR

La nueva escuela de Economía del Bienestar empieza a desarrollarse en los años treinta a partir de tres tipos de consideraciones: 1) el recelo frente a las comparaciones interpersonales de utilidad implícitas en "enfoque del excedente"; 2) la búsqueda de un criterio alternativo que evite tales comparaciones; y 3) la búsqueda de una perspectiva más general que tenga en cuenta las interdependencias entre los distintos mercados (Sánchez Molinero et al., 1998).

La "Nueva Economía del Bienestar" echa a andar con la evaluación de la eficiencia del modelo de Walras desde esta triple perspectiva. A partir de aquí es posible definir la eficiencia económica como un óptimo de Pareto. Podemos hablar de:

1) *Distribución eficiente* de los bienes: no se pueden redistribuir los bienes de tal manera que alguien gane algo –en términos de utilidad– sin que alguna otra persona empeore su posición.
2) *Producción eficiente*: no se pueden utilizar los recursos de alguna manera distinta de tal modo que aumente la producción de algún bien sin que disminuya la producción de algún otro.
3) *Eficiencia global*: no cabe ninguna otra asignación de los recursos que permita alcanzar un mayor nivel de utilidad a alguna persona sin que alguien pierda utilidad.

Abba Lerner (1903-1982)

La principal aportación de Abba Lerner a la Economía del Bienestar consistió en demostrar que la asignación competitiva de los recursos –la asignación que se genera en el modelo de equilibrio general de Walras– es eficiente en los tres sentidos arriba señalados.

Lo primero que nos preguntamos es si las cantidades producidas de los distintos bienes –cualesquiera que estas sean– se distribuyen de manera eficiente. Tendremos la garantía de que eso es así si la relación marginal de sustitución entre cualquier par de bienes es igual para todo el mundo. Como en un sistema competitivo al estilo de Walras se supone que todo el mundo maximiza su utilidad, se puede demostrar fácilmente que este requisito se cumple. Por tanto, se puede afirmar que la distribución es eficiente.

En segundo lugar, nos preguntamos si se están usando bien los recursos disponibles, es decir, si la producción es eficiente. Para ello nos fijamos en otro "criterio marginal". En este caso la garantía de que no se está despilfarrando ningún recurso será la igualdad de la relación marginal de sustitución técnica para cualquier par de factores y para todos los sectores de la economía. De nuevo, será fácil ver que en el sistema de Walras este criterio se cumple, ya que se supone que todas las empresas minimizan costes.

En tercer lugar, está la cuestión sobre la "eficiencia global" (eficiencia *simultánea* de la producción y la distribución). Para saber si hay eficiencia global, bastará con ver si la relación marginal de sustitución para cualquier par de bienes es igual para todo el mundo y además es igual a la relación marginal de transformación entre dichos bienes. También se puede demostrar con facilidad que este criterio se cumple ya que todas las empresas maximizan su beneficio y todos los consumidores maximizan su utilidad.

En realidad, existe un claro paralelismo entre la tesis de la "mano invisible" de Adam Smith y los dos "teoremas fundamentales" de la Economía del Bienestar. Puede decirse que dichos teoremas nos proporcionan una versión moderna y formalizada de la vieja tesis de Smith.

7. CRITERIOS DE COMPENSACIÓN Y "SECOND BEST"

Los *Criterios de compensación* surgen con el objetivo de ampliar el campo de aplicación del criterio de Pareto, de manera que este sirva para evaluar políticas que inevitablemente benefician a unos y perjudican a otros. Se han propuesto dos criterios principales: el de Kaldor-Hicks y el de Scitovsky.

En 1956 los economistas Lipsey y Lancaster enunciaron el problema del "second best" o teoría del segundo mejor, dice que si una de las condiciones necesarias para alcanzar un óptimo de Pareto deja de cumplirse, las demás condiciones dejan de ser deseables. Es decir, si una de las condiciones para lograr el óptimo de Pareto no es obtenible, solo es posible alcanzar el óptimo de Pareto abandonando las otras condiciones. Por ejemplo, si deseamos corregir imperfecciones en el mercado competitivo con regulaciones, puede ocurrir que tal regulación tenga como consecuencias efectos colaterales que sean más perjudiciales que los que tratan de evitarse con la regulación. Por eso la teoría del "second best" no es muy popular. En ocasiones es preferible aceptar fallos en el mercado a la hora de lograr condiciones óptimas que prohibir libertades. Imaginemos que pretendiéramos prohibir la libertad del asociacionismo de trabajadores en sindicatos y de consumidores y permitiéramos asociaciones de empresarios. En este caso estaríamos generando asimetrías de información que también obstaculizan la optimalidad de Pareto.

Capítulo 13

INNOVACIÓN, EMPRESARIALIDAD Y CRECIMIENTO ECONÓMICO EN LA ESCUELA AUSTRIACA

Ludwig von Mises (1881-1973)

Ludwig von Mises es un gran representante del pensamiento de la "escuela austriaca". Mises profundizó sobre el concepto de emprendedor y su papel en la actividad económica. Sobre el tema del emprendimiento cabe decir que Mises caracteriza al emprendedor. Tres características ha de tener todo emprendedor según Mises: evaluador, coordinador y corredor riesgo. La característica de evaluador se explica como el individuo que es capaz de estimar costes y beneficios, esta estimación coadyuvará con el posible descubrimiento de nuevos métodos de producción y nuevas necesidades de los consumidores. Evalúa también las estrategias de los competidores y redefine su estrategia en función de los comportamientos estratégicos de los otros emprendedores. La característica del emprendedor como coordinador es clara. Un emprendedor debe coordinar los factores de producción (inputs) para obtener los bienes y servicios producidos (outputs), conforme a la tecnología más adecuada u óptima.

La tercera característica es que el emprendedor ha de asumir riesgos. Evidentemente un emprendedor no puede ser adverso al riesgo. Un emprendedor habrá de ser capaz de asumir los riesgos de las incertidumbres futuras.

Joseph Alois Schumpeter (1883-1950)

Pocos autores son tan citados al hablar de la innovación y el crecimiento económico como Joseph Alois Schumpeter. El caballero, de origen austriaco y luego nacionalizado norteamericano, Schumpeter desarrolló el concepto de innovación como ningún otro economista anterior a su época.

Schumpeter quería vivir como un caballero, pero también quería enseñar e investigar en la Universidad, no sabemos si finalmente consiguió enteramente su propósito (Cabrillo, 2006). Sin duda tenía una visión romántica de los valores de un caballero y de la Universidad. Llegó a batirse en duelo con el bibliotecario para que sus estudiantes pudieran acceder con libertad a los libros que él les recomendaba (Kishtainy, 2019). Con esta visión romántica de la vida no es de extrañar que Schumpeter tuviera gran admiración por los emprendedores.

Para Schumpeter un emprendedor era como un caballero feudal que dedicaba sus energías al emprendimiento y al desarrollo económico en lugar de a las batallas contra el enemigo.

Schumpeter (1883-1950), nació en Triesch (Moravia), parte entonces del Imperio austro-húngaro. En la Universidad de Viena estudió Derecho y Economía con los profesores Friedrick von Wieser y Eugen von Bohm-Bawerk, aunque a diferencia de ellos no puede considerarse un miembro de la denominada "escuela austriaca". Tampoco puede ser considerado un miembro de la "escuela neoclásica" pues en sus obras se manifestó muy crítico con la idea de equilibrio parcial a largo plazo de Marshall y de equilibrio general a largo plazo de Walras. Schumpeter fue Ministro de Hacienda de Austria tras la Primera Guerra Mundial durante unos meses, y después de dirigir el Banco Biederman, pasó a ocupar el puesto de catedrático en la Universidad de Bonn. En 1932 se fue a Estados Unidos como catedrático a la Universidad de Harvard.

Es cierto que existen antecedentes en la literatura de Cantillon, Say, Ricardo, Mill y Marshall refiriéndose a la figura del emprendedor. No obstante, en Schumpeter el emprendedor es el verdadero protagonista del desarrollo económico.

Schumpeter en su libro *Teoría del desarrollo económico*, publicado en alemán en 1911 y en inglés en 1934 (Schumpeter, 1983), continúa el concepto de emprendimiento que ya Cantillon y Say, habían iniciado y difiere del concepto de empresario marshalliano. Marshall, probablemente el más digno representante de la escuela neoclásica, en sus *Principios de Economía Política* reconoció por primera vez la necesidad del empresario para llevar a cabo la actividad productiva.

Marshall a finales del siglo XIX introdujo el concepto de que los factores de producción no son tres, sino cuatro. A los factores tradicionales: tierra, trabajo y capital, le agregó la organización, y la definió como el factor coordinador u organizador de otros factores, el empresario atrae a otros factores y los agrupa. Marshall creyó que el empresario es el elemento que está detrás de la organización, manejándola. Estableció que los emprendedores son líderes por naturaleza y están dispuestos a actuar bajo las condiciones de incertidumbre que causa la ausencia de información completa. Por otra parte, al igual que Mill, Marshall aseguró que los emprendedores poseen numerosas habilidades especiales y que son pocas las personas que pueden definirse de esa manera. Sin embargo, reconoce que una persona puede aprender y adquirir dichas habilidades.

No obstante, en la teoría del equilibrio parcial de Marshall el beneficio extraordinario del emprendedor solo existirá a corto plazo, ya que a largo plazo la existencia de competencia perfecta hará que los beneficios extraordinarios atraigan a otros emprendedores aumentando la oferta de los productos en la industria hasta que los beneficios extraordinarios desaparecen con un precio y una cantidad ofrecida y demandada de equilibrio.

Con la idea de equilibrio parcial de Marshall y con la idea de equilibrio general de Walras, que básicamente es extender el resultado del equilibrio en un mercado a todos los mercados, no estaba de acuerdo Schumpeter. Para Schumpeter tal equilibrio de mercado nunca existía, o si lo hacía era muy circunstancialmente, la tendencia a largo plazo es que existieran crisis como consecuencia de los sucesivos ciclos económicos generados por emprendedores, en donde el emprendimiento consiste en poner en práctica nuevas combinaciones de medios productivos.

Innovación schumpeteriana

El desarrollo económico de Schumpeter hace que se pongan en práctica combinaciones de medios productivos. Estas nuevas combinaciones cubren los casos siguientes:

> "1) La introducción de un nuevo bien –esto es, uno con el que no se hayan familiarizado los consumidores– o de una nueva calidad de un bien.
> 2) La introducción de un nuevo método de producción, esto es, de uno no probado por la experiencia en la rama de manufactura de que se trate, que no precisa fundarse en un descubrimiento nuevo desde el punto de vista científico, y que puede consistir simplemente en una forma nueva de manejar comercialmente una mercancía.
> 3) La apertura de un nuevo mercado, esto es, un mercado en el cual no haya entrado la rama especial de la manufactura del país de que se trate, a pesar de que existiera anteriormente dicho mercado.
> 4) La conquista de una nueva fuente de aprovisionamiento de materias primas o bienes semimanufacturados, haya o no existido anteriormente como en los anteriores casos.
> 5) La creación de una nueva organización de cualquier industria, como la de una posición de monopolio (por ejemplo, por la formación de un trust) o bien la anulación de una posición de monopolio existente con anterioridad" (Schumpeter, 1983).

Schumpeter (1983) utilizó en su libro sobre el desarrollo económico el término emprendedor, lo matizó además en sucesivas ediciones, a veces utilizaba el término hombre de negocios, otras veces empleaba las palabras empresario innovador, pero siempre distinguiendo entre el propietario de los medios de producción o prestamista de fondos, al que denominaba capitalista y el hombre de negocios, el empresario innovador o emprendedor que debía hacer frente al cambio repentino de los hechos. Cuando se refería a los hechos no necesariamente aludía a los cambios de los gustos de los consumidores, sino al proceso del propio emprendedor, educando si fuera necesario a los consumidores hacia productos nuevos de los ya existentes.

En definitiva, el emprendedor schumpeteriano produce con nuevas combinaciones de medios productivos para favorecer y caracterizar el desenvolvimiento económico.

Oleadas de emprendedores y ciclos económicos

En esta misma obra Schumpeter aborda los ciclos económicos en el crecimiento económico y considera que son los emprendedores los que generan las crisis cíclicas en el capitalismo. El argumento de Schumpeter descansa en que los emprendedores surgen por oleadas. Las oleadas de inventos no tienen por qué coincidir con las oleadas de innovaciones que se pongan en práctica en una sociedad por parte de los emprendedores. El ejemplo lo tenemos en las invenciones de los chinos de la pólvora, la imprenta, los sistemas de regadíos y muchas otras invenciones que en un sistema imperial no se generalizaban para el uso del consumidor. Por eso el capitalismo favorece las oleadas de innovaciones que sí llegan a los consumidores.

Los empresarios innovadores schumpeterianos o emprendedores schumpeterianos son verdaderos héroes herederos de los caballeros que canalizaban sus energías hacia la industria en lugar de hacia las batallas. Ellos eran los verdaderos creadores de riqueza para la sociedad. El mismo Schumpeter, dando muestras de su espíritu emprendedor, invirtió en toda clase de negocios y en 1924 tuvo importantes pérdidas como consecuencia de malas inversiones (Kishtainy, 2019).

Para Schumpeter los emprendedores no persiguen competir en los mercados, sino más bien monopolizar mercados. Las innovaciones de los emprendedores van dirigidas a monopolizar mercados no a competir con los productos existentes. El equilibrio parcial y general neoclásico a largo plazo no va a ser la tendencia en un mundo en donde predominan los emprendedores. Son los incentivos de obtener grandes beneficios extraordinarios los que animan a los emprendedores a arriesgarse. Incentivos a monopolizar industrias basadas en las innovaciones que pongan en funcionamiento. El desarrollo económico tiene como principal motor al emprendedor. De hecho, Schumpeter construye una teoría del desarrollo económico a partir de su teoría del emprendedor. Sin emprendedores con iniciativa, visión e imaginación no se llevarán a cabo innovaciones y no existiría desarrollo económico. Los verdaderos líderes de la sociedad capitalista son los emprendedores.

Capitalismo, socialismo y democracia

Schumpeter (1988) en otra obra fundamental titulada *Capitalismo, socialismo y democracia*, publicada en 1950 plantea el concepto de "destrucción creativa" como el principal motor que el emprendedor ("empresario innovador") pone en marcha en el capitalismo. De ahí que en esta obra Schumpeter se plantee la desaparición del capitalismo como una consecuencia del desequilibrio dinámico permanente y de la insatisfacción que generan tales ciclos y desequilibrios en determinados sectores dirigentes de la sociedad como los políticos y los intelectuales.

Schumpeter emplea el término de "destrucción creativa" para aludir a la destrucción de las empresas antiguas que generan los emprendedores con sus innovaciones y nuevas empresas. La "destrucción creativa" de Schumpeter es necesaria en el capitalismo. Más aún el verdadero motor de la investigación es el beneficio extraordinario esperado con la puesta en marcha de una innovación. Dado que para innovar es necesario invertir según Schumpeter hay que proteger con patentes a las innovaciones que son fácilmente replicables por otros empresarios competidores del empresario realmente innovador.

Las patentes no son otra cosa que barreras de entrada a una industria favorecedora de los monopolios. Por eso Schumpeter defiende las prácticas monopolísticas como beneficiosas para la sociedad en contra de los clásicos y neoclásicos.

Como se ha dicho, Schumpeter es muy crítico con la "escuela neoclásica" respecto al concepto de equilibrio marshalliano y walrasiano, aunque adopta una posición de desequilibrio y competencia imperfecta que ayuda al buen funcionamiento económico. También se muestra muy crítico con la "escuela austríaca" en cuanto a la teoría de los ciclos económicos, ya que para Schumpeter están más vinculados a las oleadas innovadoras que a la teoría austríaca de los ciclos económicos que se fundamenta más en la naturaleza del sistema crediticio.

Hay que decir también que Schumpeter era muy crítico con las teorías de Keynes respecto a la posibilidad de que los gobiernos pudieran evitar depresiones económicas como la gran depresión de los años treinta (Kishtainy, 2019).

En opinión de Schumpeter las intervenciones de los gobiernos en la actividad económica favorecen soluciones cortoplacistas y el capitalismo es un constante cambio que manifiesta sus aportaciones a largo plazo.

El fin del capitalismo

En definitiva, Schumpeter no se puede adscribir a ninguna escuela de pensamiento ni neoclásica, ni austriaca, ni keynesiana. La predicción de Schumpeter, realizada en 1950, del fin del capitalismo basada en la tendencia rutinaria y jerárquica de las grandes corporaciones y en la frustación de los profesores e intelectuales como miembros de la cima de la sociedad no se ha cumplido. Es decir, la predicción de Schumpeter de que el capitalismo acabará desapareciendo víctima de su propio éxito aún no se ha cumplido afortunadamente. La razón de esta predicción es que para Schumpeter las empresas y grandes corporaciones acabarán realizando las funciones del emprendedor, y al desaparecer el emprendedor finaliza el espíritu y verdadero motor del capitalismo.

Schumpeter consideraba que las habilidades del emprendedor podían adquirirse en Escuelas de emprendimiento. En la década de los años cuarenta Schumpeter comenzó a colaborar con el *Research Center in Entrepeneurial Studies* (RCES) de la Universidad de Harvard que organizaba entonces Arthur Cole. En el RCES se adoptaba un enfoque multidisciplinar del emprendimiento y Schumpeter participó en diferentes actividades docentes e investigadoras. Así, mientras Schumpeter colaboró con el RCES publicó un artículo sobre la respuesta creativa del emprendimiento (Schumpeter (1949)) en el que introdujo características que habría de poseer un emprendedor como la de "respuesta creativa" ("creative response") y como "solucionador de cosas" ("gettings things done").

Huyendo del nazismo los economistas austriacos Ludwig von Mises, Schumpeter y Hayek emigraron a otras universidades de Nueva York y Harvard, en los casos de Mises y Schumpeter, y a la London School of Economics en el caso de Hayek. Mises y Hayek desarrollaron las enseñanzas de Gossen, Menger, Wieser y Bôhm- Bawerk, los principales autores de la denominada "escuela austriaca". Schumpeter, como vimos anteriormente, no puede etiquetarse en ninguna escuela, ni austriaca, ni neoclásica, ni keynesiana.

Israel Kirzner (1930)

Un discípulo aventajado de Mises es Israel Kirzner, Premio Mundial de Investigación en Emprendimiento de 2006, que profundiza sobre el concepto de emprendedor. La función del emprendedor es una más dentro de la acción humana individual. Así hay individuos que tienen un especial olfato para los negocios, una intuición y una visión de futuro especial.

Para Kirzner (1999) la racionalidad del emprendedor maximizando beneficio y del consumidor maximizando su utilidad no explica la acción humana, ni del emprendedor, ni tampoco del consumidor. Kirzner (1999) no cree en la eficiencia del mercado, pues no cree en el "Homo Economicus", y contrapone a este el "Homo Agens", siendo este último el agente económico que deriva de la "acción humana" de Mises. El "Homo Agens" es un concepto más amplio que el de "Homo Economicus" ya que contempla cuestiones como emprendedores que no persiguen maximizar beneficios, sino producir con calidad y prestigio, con responsabilidad social, con mayor empleo, etc. En definitiva, el "Homo Agens" es capaz de indentificar objetivos alternativos a la maximización de beneficios e incluso la utilización de factores que no minimizan los costes.

Para Kirzner (1999), además de las características para el emprendedor que expuso Mises hay otra característica que se configura como fundamental. Kirzner denomina a esta característica como "Alertness". El emprendedor es una persona que tiene incorporada en su acción humana el *estado de alerta permanente*. El *estado de alerta* de los emprendedores les hace vigilarse unos a otros e ir adoptando comportamientos estratégicos frente a los comportamientos de otros emprendedores. No sólo han de estar en alerta respecto a otros emprendedores, sino también respecto a los consumidores. En particular no solo estar pendiente a las necesidades de los consumidores sino incluso han de estar alerta para ser creativos respecto a nuevas necesidades que aún no han detectado los consumidores. La actitud de alerta de los emprendedores es la que equilibra los mercados. El emprendedor que es capaz de obtener ventaja competitiva actúa como revulsivo de los demás emprendedores haciéndoles competir hasta equilibrar el mercado en el que se desenvuelve. Dado que los mercados funcionan con información incompleta el emprendedor trata de obtener información a partir de su actitud de alerta y de esa forma conseguir mayores beneficios que los percibidos por otros emprendedores. Los otros emprendedores competidores tratarán de averiguar la información observando al emprendedor de beneficios extraordinarios y de más éxito. De este modo los emprendedores transmiten información y también oportunidades de negocio para todos. Sin emprendedores, con esta actitud de alerta, el mercado permanecería en un equilibrio estático y se perdería la fuerza evolutiva que proporciona el capitalismo. Unos emprendedores están más alerta que otros y solo los que están más alerta son los que perciben adecuadamente las oportunidades. Por eso el emprendimiento no puede ser un factor productivo más como la tierra, el trabajo y el capital, tal y como señalaba Marshall, sino que el emprendimiento es una capacidad que tienen los emprendedores, capacidad que según Kirzner reside en la personalidad del individuo que es capaz de estar más alerta que los demás.

Capítulo 14
LA NUEVA MACROECONOMÍA

John Maynard Keynes (1883-1946)

La nueva macroeconomía nace con el pensamiento de John Maynard Keynes. Este autor nació en la ciudad de Cambridge, en una familia de alto nivel cultural. Su padre era John Neville Keynes, catedrático de Economía y Filosofía en la Universidad de Cambridge, y su madre fue Florence Ada Brown, una de las primeras mujeres sufragista que logró estudiar en una universidad británica, autora y precursora de la asistencia social que llegó a ser alcaldesa de Cambridge en 1932.

Aunque estudió Matemáticas y Teoría de la Probabilidad, en el King's College de la Universidad de Cambridge, luego se orientó hacia la Economía por consejo de los catedráticos Alfred Marshall y Arthur Pigou que habían sido sus maestros.

En la Universidad de Cambridge formó parte del grupo de los Apóstoles, él mismo y algunos de sus miembros con el tiempo crearon el Círculo de Bloomsbury. Este Círculo era un grupo de intelectuales y artistas que proponían un nuevo orden social, muy crítico con los principios morales victorianos. En el Círculo estaban Virginia Woolf y el pintor Duncan Grant, con quien Keynes mantuvo una relación durante varios años. Keynes se casó más adelante con Lidia Lopujova, una bailarina de la compañía del Ballet Ruso, en un viaje por Taiwán.

En 1906 fue nombrado funcionario público del *Home Civil Service* y fue destinado a la *Indian Office*, donde acumuló un profundo conocimiento del sistema financiero indio. Producto de su estancia en este departamento escribió en 1913 el libro titulado *Moneda y finanzas en la India*. En junio de 1908, probablemente aburrido de este puesto, renunció para trabajar en la Universidad de Cambridge en "Teoría de la Probabilidad". En 1909 consiguió una plaza de profesor en la cátedra de Pigou de esta universidad. En 1911 fue nombrado editor de la revista económica *Economics Journal* y durante los años 1913 y 1914 fue miembro de la *Royal Commission on Indian Finance and Currency.*

En 1916 comenzó a trabajar como consejero del Ministerio de Hacienda británico (HM Treasury). Entre sus responsabilidades se encontraba el diseño de los contratos crediticios entre el Reino Unido y sus aliados continentales durante la guerra, y los sistemas de adquisiciones exteriores. En 1919, tras finalizar la Primera Guerra Mundial, formó parte de la delegación británica en la Conferencia de Paz de París, puesto del que dimitió ese mismo año por estar disconforme con el régimen abusivo de indemnizaciones y reparaciones que se imponían a Alemania. Sobre este tema escribió, en 1919, el libro *Las consecuencias económicas de la paz*, en el que anunciaba las implicaciones y consecuencias de las condiciones económicas impuestas a Alemania en el Tratado de Versalles.

Fue miembro de varios consejos de administración de empresas financieras y aseguradoras, dirigía el semanario *Nation and Athenaeum* y participaba en el Consejo asesor económico del primer ministro británico. Keynes también fue un inversor de éxito, logrando hacerse con una gran fortuna (después de afianzarse como economista, ya que en su juventud sufrió grandes pérdidas que debieron ser cubiertas por su padre). Durante el "crack" del 29 casi se queda en bancarrota, pero pudo recuperarse en poco tiempo.

Se le considera un gran bibliófilo, en especial por lo que respecta a las ediciones originales de las obras de Isaac Newton. Estaba interesado en la literatura en general y el arte dramático en particular. Se hizo empresario del Teatro de Artes de Cambridge, y su entusiasmo hizo que la institución se convirtiera durante un tiempo en el más importante escenario británico fuera de Londres.

Bertrand Russell dijo de Keynes: "Es la mente más aguda y más clara que jamás conocí. Cuando discutía con él, sentía que mi vida pendía de un hilo y raramente terminaba sintiéndome algo muy diferente a un estúpido".

Otro conocido comentario, que Keynes hizo a su mujer, fue que había "encontrado a Dios en el tren de las 5:15" cuando recibía a Ludwig Wittgenstein, el protegido de Russell, para su estancia en Cambridge.

Keynes murió el 21 de abril de 1946 a causa de un infarto. Sus problemas cardíacos se agravaron por la presión de su trabajo en los problemas financieros internacionales de la posguerra. Keynes publicó su *Tratado sobre la probabilidad* en 1920, una contribución a las bases matemáticas y filosóficas de la teoría de la probabilidad. Atacó las políticas deflacionarias de los años 20 en el *Tratado sobre la reforma monetaria* de 1923, una argumentación sobre por qué los países deberían apuntar a la estabilidad de los precios domésticos al tiempo de proponer el uso de tipos de cambio flexibles. En el *Tratado sobre el dinero* de 1930 (en dos volúmenes) expone su teoría de tipo Wickselliana sobre ciclo de crédito.

Su obra central, *Teoría general del empleo, el interés y el dinero*, desafió el paradigma económico dominante cuando se publicó en 1936. En este libro, Keynes (2010), presenta una teoría basada en la noción de demanda agregada para explicar la variación general de actividad económica, tales como las observadas durante la Gran Depresión. Según su teoría, el ingreso total de la sociedad está definido por la suma del consumo y la inversión; y en una situación de desempleo y capacidad productiva no utilizada, "solamente" pueden aumentarse el empleo y el ingreso total incrementando primero los gastos, sea en consumo o en inversión. La cantidad total de ahorro en la sociedad es determinada por el ingreso total y, por tanto, la economía podría alcanzar un incremento del ahorro total, aun si las tasas de interés se bajaran para estimular los gastos en inversión. El libro abogaba por políticas económicas activas por parte del gobierno para estimular la demanda en tiempos de elevado desempleo, por ejemplo a través de gastos en obras públicas. El libro se considera a menudo como el fundador de la macroeconomía moderna. Los historiadores concuerdan en que Keynes influyó en el New Deal del presidente estadounidense Franklin Delano Roosevelt, pero discuten aún sobre el grado de dicha influencia. Una política de gasto deficitario como la emprendida en el New Deal comenzó en 1938, que había sido llamada *pump priming* en 1932 por el presidente Herbert Hoover. Pocos economistas renombrados en los Estados Unidos comulgaron con las ideas de Keynes durante los años 30. Con el tiempo, sin embargo, sus ideas fueron más ampliamente aceptadas.

En 1942, Keynes era ya un economista ampliamente reconocido, como evidencia su admisión en la Cámara de los Lores con el título de barón Keynes de Tilton en el Condado de Sussex, ubicándose en la bancada del Partido Liberal. Durante la Segunda Guerra Mundial, Keynes argumentó en *¿Cómo pagar la guerra?* que el esfuerzo bélico debería financiarse mayoritariamente mediante el aumento de colonias en África y por mayores impuestos, en lugar de gasto deficitario, para de esa manera evitar la inflación. Es claro que este algoritmo tendría sus ventajas para Inglaterra, no así para los países a los que les tocara en suerte ser "colonias". A medida que la victoria aliada parecía más segura, Keynes estuvo muy involucrado en las negociaciones que establecieron el sistema Bretton Woods, en su papel de líder de la delegación británica y presidente de la comisión del Banco Mundial. El plan de Keynes, referente a una Unión Internacional de Compensación propuesta para un sistema de administración de divisas, involucraba un Banco Central Mundial que sería responsable de una unidad mundial única de cambio, el Bancor. Sin embargo, el peso de los EE.UU. en las negociaciones fue determinante para que el resultado final estuviera más acorde a los planes de Harry Dexter White, estableciéndose el uso del dólar estadounidense como moneda de reserva, dando inicio a su presencia dominante en las finanzas globales.

Keynes escribió *Ensayos en biografía* y *Ensayos en persuasión*, el primero aportando retratos de economistas y otras personas notables, mientras que el segundo presenta algunos de los intentos del autor de influir en los formadores de políticas durante la Gran Depresión.

La economía keynesiana se construye a partir del llamado "Principio de la demanda efectiva", que se podría expresar diciendo que la demanda agregada de la economía es el motor de la producción y del empleo. En definitiva, se supone que cuando la demanda agregada (DA) es mayor que la oferta agregada (OA) entonces esto implica que aumentos de la oferta agregada dan lugar a aumentos del empleo (E). Es decir, cuando $DA > OA \Rightarrow OA\uparrow \Rightarrow E\uparrow$. En cambio, cuando la demanda agregada (DA) es menor que la oferta agregada (OA) entonces esto implica que descensos en la oferta agregada (OA) dan lugar a descensos en el empleo (E). Esto es, cuando $DA < OA \Rightarrow OA\downarrow \Rightarrow E\downarrow$.

Todo esto se supone que ocurre sin que varíen los precios, ya que se supone también que la economía funciona con un margen bastante amplio de recursos ociosos. Nótese que el principio de la demanda efectiva es la negación de la Ley de Say. Por ello explicar los fundamentos microeconómicos de este principio equivale a explicar los posibles fallos de la Ley de Say.

En Economía se distingue entre la inversión como componente de la demanda agregada y la inversión como componente del "stock de capital". El modelo keynesiano sólo toma en consideración el primer aspecto, ya que, presumiblemente, es el único relevante a corto plazo y el modelo en cuestión es un modelo a corto plazo.

Keynes introduce nuevos conceptos como los del multiplicador de la inversión, la "paradoja del ahorro" y los tres motivos de la demanda de dinero.

El multiplicador de la inversión keynesiano se refiere a que toda inversión provoca un aumento multiplicado de la producción y la renta, y este aumento de inversión y de la renta no requiere esperar al incremento previo del ahorro con lo cual se genera una liquidez que se convierte en ahorro. Así las decisiones empresariales de invertir producen una externalidad a través del aumento del empleo y de los consumos que ejercen como alimentador de la demanda agregada y multiplican en toda la sociedad el efecto de la inversión. No solo las decisiones de los empresarios poseen este efecto multiplicador, sino que según Keynes los gobiernos pueden aplicar esto en forma de gasto e inversión pública. Respecto a la "paradoja del ahorro" lo que Keynes plantea es que, si en una recesión todos los ciudadanos ahorran más, la demanda agregada caerá, la producción agregada caerá y el ahorro agregado finalmente caerá también.

En cuanto a los tres motivos de la demanda de dinero Keynes se refería a los motivos de transacción, de precaución y especulativo. Se demanda dinero para realizar transacciones por parte de las familias y las empresas tal y como decían los neoclásicos. Se demanda dinero por precaución para hacer frente en el futuro a gastos imprevistos o bien oportunidades de interés. Este motivo también está recogido en los neoclásicos. Finalmente, el motivo especulativo es la novedad de Keynes. El dinero sirve como una reserva de valor. Así se puede demandar dinero a la espera de que caigan los precios de los activos financieros como los bonos de deuda pública. La demanda de dinero será pues una consecuencia de la incertidumbre de la evolución de los tipos de interés. Si existe la expectativa de aumento de los tipos de interés entonces conviene disponer de dinero líquido para colocarlo a plazo fijo.

En el modelo keynesiano completo en versión original se considera la oferta monetaria y la demanda monetaria dependientes del tipo de interés. Así, si aumenta la oferta monetaria y permanece constante la demanda monetaria entonces el tipo de interés bajará y, por el contrario, si baja la oferta monetaria y permanece constante la demanda monetaria entonces el tipo de interés subirá. De igual modo si sube la demanda monetaria, "ceteris paribus" (permaneciendo constante) la oferta monetaria, entonces el tipo de interés subirá y si baja la demanda monetaria, "ceteris paribus" la oferta monetaria, el tipo de interés bajará. El tipo de interés a su vez influye en la inversión agregada, de modo que si el tipo de interés es alto la inversión agregada será baja y si el tipo de interés es bajo la inversión agregada será alta. Esto es debido a que el tipo de interés es el precio del dinero y a los inversores les interesan precios bajos del dinero para invertir más.

Por otra parte, si la inversión agregada es alta entonces subirá la demanda agregada y con ella el producto nacional de un país será más elevado y aumentará el empleo.

Desafortunadamente Keynes ignora el *feedback* del producto nacional del país sobre la demanda de dinero.

El modelo de Keynes visto como un modelo de equilibrio general se parece algo al walrasiano ya que posee también cuatro mercados: bienes y servicios, trabajo, dinero y bonos. Keynes elimina el mercado de bonos a través de la Ley de Walras y de la recuperación de los ajustes vía precios.

El mismo modelo puede operar bajo hipótesis neoclásicas o bajo hipótesis keynesianas, esto es, con ilusión monetaria en el mercado de trabajo y salarios monetarios rígidos a la baja.

Las principales conclusiones de la versión keynesiana son: la posibilidad de equilibrio con desempleo; la no neutralidad del dinero y las posibilidades de control del ciclo económico. Estas conclusiones son distintas de las conclusiones del modelo neoclásico que son: el equilibrio con pleno empleo, la neutralidad del dinero y, la imposibilidad de control del ciclo económico.

¿Por qué no se producen ajustes vía precios? ¿Por qué, ante una situación de exceso de oferta, las empresas prefieren reducir su producción a bajar los precios de sus productos? Dos son las respuestas a estas preguntas.

La primera respuesta es que existen restricciones de demanda en condiciones de competencia perfecta. La principal restricción de demanda es que para mantener los ingresos deberían bajar los precios. El ejemplo más claro es que se declare una "guerra de precios" entre las empresas competidoras. ¿Se puede evitar la guerra de precios a través de coaliciones? A corto plazo si es posible, sin embargo, a largo plazo no.

La segunda respuesta es que existen restricciones de demanda en condiciones de competencia imperfecta. Por ejemplo, tenemos un restaurante que forma una coalición con otros restaurantes para mantener los precios del menú del día en una zona determinada de la ciudad. Todos los restaurantes ajustan los precios en esa zona de la ciudad, sin embargo, es posible que la demanda se dirija a otra zona de la ciudad y que la calidad de los menús no sea homogénea. La conclusión del ejemplo es que el ajuste de precios puede resultar excesivamente costoso cuando: 1) la empresa opera en un contexto de competencia imperfecta; 2) el precio funciona como "señal de calidad" en un mercado de productos diferenciados; y 3) la caída de la demanda se percibe como transitoria.

Las críticas del argumento son dos. La primera es que, aunque este tipo de situación es perfectamente verosímil, parece que estamos hablando de situaciones muy específicas, propias de sectores muy localizados, pero difícilmente generalizables. La segunda es que, en el mejor de los casos, esta clase de comportamientos podrían explicar equilibrios a muy corto plazo. A medio y largo plazo los ajustes "vía precios" parece que siempre se imponen. Continuando con los planteamientos keynesianos. ¿Por qué no bajan los salarios cuando hay exceso de oferta de trabajo?

Las explicaciones que se suelen dar son "convencionales" o "tradicionales" basadas en: leyes de salarios mínimos y sistemas de negociación colectiva.

Una explicación "neo-keynesiana" es la hipótesis de los *salarios de eficiencia*, en que los salarios altos son "rentables" para los empresarios y las reducciones salariales pueden ser perjudiciales desde el punto de vista de los beneficios.

No obstante, existen al menos dos objeciones a la teoría de los salarios de eficiencia. La primera es que los salarios de eficiencia son básicamente un "incentivo indiscriminado", esto es algo así como un "café para todos". Lo más razonable es que los empresarios recurrieran a "incentivos individualizados". La segunda objeción es lo poco verosímil que parece la rentabilidad de los salarios de eficiencia.

El crecimiento económico en Keynes

La difusión de las ideas keynesianas, sobre todo a partir de la publicación de la *Teoría general* de Keynes en 1936, supuso un revulsivo en la historia del pensamiento económico. Hoy en día, con una perspectiva de ochenta y ocho años, tenemos razones sobradas para cuestionar la originalidad teórica de Keynes, pero no podemos poner en duda la enorme influencia que tuvieron sus ideas en el desarrollo posterior de la ciencia económica. La moderna teoría del crecimiento surge directamente del debate sobre las ideas keynesianas.

Para aclarar esto último conviene recordar que el modelo keynesiano básico –el modelo que Keynes desarrolla en los tres primeros capítulos de su *Teoría general*– tenía como fundamento el llamado "principio de la demanda efectiva", esto es, la idea de que la demanda agregada gobierna la evolución de la renta y el empleo. En otras palabras, cuando aumenta la demanda, aumenta la producción –y, con la producción, el empleo– y cuando cae la demanda ocurre lo contrario. Se supone –sin explicar por qué– que la economía funciona siempre con un margen más o menos grande de recursos ociosos y que las variaciones de la demanda agregada hacen que este margen aumente o disminuya. Cuando el margen de recursos ociosos es muy grande, las variaciones de la demanda agregada se traducen, fundamentalmente, en variaciones de la producción y del empleo, sin efectos apreciables sobre el nivel de precios. Solamente cuando la economía se va acercando al pleno empleo empiezan a imponerse los "ajustes vía precios" a la vez que se hacen más y más débiles los "ajustes vía renta". El análisis de Keynes tomaba como punto de referencia una economía con abundancia de recursos ociosos y por ello se permitía ignorar por completo los "ajustes vía precios".

El principio de la demanda efectiva no tenía nada de revolucionario. En realidad, era una idea muy antigua que ya habían defendido en el siglo XIX autores como Sismondi, Lauderdale –los llamados "subconsumistas"–, así como, en cierta medida, Malthus, y también Marx. Se trataba en cualquier caso de una idea heterodoxa, que la gran tradición clásica y neoclásica había rechazado siempre como algo incompatible con los principios que rigen el funcionamiento de una economía competitiva. Smith, Ricardo, Stuart Mill, Marshall, Walras, etc. –es decir, la generalidad de los autores clásicos y neoclásicos– creyeron siempre que un sistema de precios libres sirve para equilibrar los mercados, es decir, para igualar cada oferta con la demanda correspondiente; y, naturalmente, si todos los mercados tienen que equilibrarse, eso incluye también a los mercados de factores. Por tanto, en una situación de equilibrio general no puede haber excesos de oferta de factores, es decir, no puede haber recursos ociosos. En 1936 esta noción formaba parte de la ortodoxia económica. Keynes no sólo rechazó la ortodoxia, sino que construyó su modelo a partir de la negación de la misma. Pero Keynes no llegó nunca a articular una alternativa a la teoría de la competencia que sirviera de fundamento microeconómico al principio de la demanda efectiva.

De todos modos, si aceptamos el principio de la demanda efectiva como criterio básico para la determinación de la renta nacional, nos encontramos en seguida en el terreno de la dinámica económica. De acuerdo con el modelo keynesiano, en su versión más simple, la "renta de equilibrio" vendría determinada por la ecuación $Y = (1-s)Y + I$, donde Y es la oferta agregada o renta nacional, $(1-s)Y$ es la demanda de consumo (siendo s la propensión media y marginal al ahorro) e *I* la demanda de inversión. Si conocemos *I*, podemos calcular la renta de equilibrio a través de la expresión $Y = I/s$, donde $1/s$ es el multiplicador de la inversión. Lo que hay que observar aquí es que esta "renta de equilibrio" no puede ser –a menos que se den algunas circunstancias muy especiales– un valor estable. Se trata de un "equilibrio a corto plazo". Y ello es así por la razón que se indica a continuación. En la ecuación $Y = (1-s)Y + I$, la inversión aparece como parte de la demanda agregada: más inversión significa más demanda de bienes de capital, lo cual arrastra a su vez una mayor demanda de bienes de consumo, y todo esto hace que aumente la producción y el empleo. Ahora bien, si hoy se registra un aumento de la demanda de bienes de capital y se inicia la producción de los mismos, eso quiere decir que el stock de capital de mañana será más grande que el de hoy. Por consiguiente, la capacidad productiva de la economía tiene que aumentar; y esto significa un aumento de la renta máxima potencial. Si el nivel de renta inicial coincide con el máximo potencial en ese momento y queremos que la economía siga funcionando "a tope", la demanda agregada no puede permanecer estable: tiene que crecer continuamente. Pero, como la función de consumo es un "dato institucional" y no podemos cambiarla, para que aumente la demanda agregada tendrá que aumentar la demanda de inversión. En otras palabras, *I* tendrá que aumentar.

Esto nos da pie para formular la siguiente pregunta. ¿Cuánto debe crecer la inversión cada periodo si queremos que la renta se mantenga siempre en su nivel máximo potencial?

Decir que la renta se mantiene siempre en su nivel máximo potencial equivale a decir que sigue una "senda de crecimiento equilibrado", en el sentido que se le daba a este término anteriormente: 1) se tiene que mantener siempre el equilibrio macroeconómico –demanda agregada igual a oferta agregada–; 2) no puede haber excedentes de máquinas –requisito de plena capacidad–; y, finalmente, 3) tampoco puede haber excedentes de mano de obra –requisito de pleno empleo–.

El cumplimiento continuado de estos tres requisitos exige que la inversión crezca a una tasa determinada en cada periodo. ¿Podemos calcular esa tasa?

La visión keynesiana de los ciclos y la política anti-cíclica

Keynes destaca los factores psicológicos (*animal spirits*) y las oscilaciones imprevisibles de la demanda de inversión como causas principales de los ciclos. También apunta a las inversiones "mal dirigidas" como causa fundamental de las oleadas de pesimismo, que suelen dar lugar a las crisis.

Apunta también la existencia de dos factores coadyuvantes en el desarrollo de la crisis/depresión: en primer lugar, el aumento de la preferencia por la liquidez; y, en segundo lugar, caída de la propensión marginal al consumo.

¿Cómo se produce la recuperación? Aquí Keynes vuelve a destacar el papel de los factores psicológicos (habla de la "indirigible y desobediente psicología del mundo de los negocios"), pero también apunta la existencia de algunos factores "objetivos"; sobre todo: a) la contracción de stock de capital fijo hace que dejen de reponerse las máquinas existentes; b) el agotamiento progresivo de las existencias acumuladas a lo largo de la depresión; y c) la reducción del capital circulante. A medida que el capital se hace más escaso, los rendimientos del mismo aumentan y ello hace que eventualmente se regenere la confianza en los negocios.

¿Es posible el control del ciclo económico? La macroeconomía keynesiana siempre ha pensado que sí, o, por lo menos, que vale la pena intentarlo; y para ello ha dado una serie de reglas, que tienen como base el control de la demanda agregada, ya sea por medios fiscales o por medios monetarios. Estas reglas se han ido haciendo más y más complicadas a medida que el modelo de base se "perfeccionaba" haciéndose más y más complejo (consideración simultánea de los equilibrios "interno" y "externo", sistemas distintos de tipo de cambio, distintos regímenes de expectativas, etc.).

Las políticas keynesianas de control del ciclo a lo largo de los años 40-70 se aplicaron con éxito. Sin embargo, en los años 70 se empezaron a poner en duda pues surgió el "misterio" de la coexistencia del desempleo y la inflación y la llamada "estanflación".

Friedrich Hayek (1899-1992)

Friedrich Hayek, discípulo de von Mises como Schumpeter, se fue a Londres desde 1931 y hasta 1950, gracias a Lionel Robbins, donde ocupó una cátedra en la *London School of Economics*. Ahí desarrolló una fuerte rivalidad con Keynes y mostró beligerancia en contra de sus conceptos macroeconómicos. Durante los años 30, fueron las ideas de Keynes las que se impusieron y también tras la Segunda Guerra Mundial, con lo que Hayek perdió relevancia y mucha de la fama que había ganado de joven con su discurso liberal.

El enfrentamiento entre ambos comenzó cuando Hayek hizo un escrito desfavorable al libro de Keynes *Tratado sobre el dinero* y Keynes le replicó.

Después, Keynes tomó la iniciativa y pidió a Piero Sraffa que hiciera un informe crítico de la obra *Precios y producción* de Hayek, que este replicó.

En 1936, con la publicación de la *Teoría general del empleo, el interés y el dinero,* Keynes plantea una teoría macroeconómica completamente nueva y tal teoría en el contexto de crisis derivada del "crack" de 1929 se fue practicando sus tesis. En respuesta a esta obra Hayek no hizo ninguna reseña, intentando evitar las duras controversias que había hecho surgir anteriormente y suponiendo ante el cambio de forma de pensar de Keynes que su nueva posición no duraría.

Keynes fue caústico al comentar el libro de Hayek, *Precios y producción,* al que llamó "uno de los más espantosos embrollos que he leído". Así que Hayek obvió la nueva idea keynesiana de los agregados macroeconómicos ya que partía de premisas radicalmente diferentes a las suyas. Desarrolló entonces un esbozo de teoría austriaca del ciclo en una obra que se titularía *La teoría pura del capital* donde no terminaba de desarrollar una teoría dinámica del ciclo. Frente a la creciente popularidad del keynesianismo, Hayek confió en que las últimas objeciones de Keynes a su propia teoría influirían en sus herederos y en que sus ideas no llevarían a políticas antiliberales puesto que Keynes era social y políticamente liberal, dejando así el problema del ciclo económico austríaco (que implicaría una revisión del paradigma macroeconómico keynesiano) para ser resuelto por otros economistas, cosa que no sucedería durante su tiempo de vida y solo comenzaría a plantearse mucho tiempo después. Después de esto, Hayek dejó las cuestiones técnicas de la Economía para dedicarse a temas más filosóficos o sociales. En 1947, Hayek participa activamente en la fundación de la Sociedad Mont Pelerin, financiada por el empresario suizo Albert Hunold. Este reúne a industriales y banqueros suizos a fin de financiar el *think tank*. Las reuniones internacionales son financiadas, en un primer momento, por las fundaciones Relm y Earhart, esta sociedad reunirá a monetaristas como Milton Friedman, a miembros de la escuela del *Public Choice* como James M. Buchanan, así como a personalidades asociadas a la corriente neoaustriaca.

En 1949 Hayek emigró a los Estados Unidos, a la Universidad de Chicago, donde no tuvo una muy buena acogida por parte del Departamento de Economía, debido a las grandes diferencias metodológicas de la Escuela de Chicago con la Escuela Austriaca de la que provenía. En 1962 volvió a Europa, a la Universidad de Friburgo, donde estaría hasta que, al jubilarse en 1969, retornó a su Austria natal, a la Universidad de Salzburgo hasta que se retiró en 1977. En 1974 fue laureado con el Premio del Banco de Suecia en Ciencias Económicas en memoria de Alfred Nobel, compartido con Gunnar Myrdal, por sus trabajos en el campo de la teoría monetaria y las fluctuaciones económicas y los análisis de la interdependencia de la economía, la sociedad y las instituciones. A partir de entonces su salud mejoró y comenzó una gran actividad que lo llevaría a viajar por todo el mundo exponiendo sus ideas. En la década de 1980 sus ideas jugarían un papel importante durante el gobierno de Margaret Thatcher. Hayek se opuso al paradigma neoclásico (también conocido como neoclásico-walrasiano), que todavía define hoy en día el *mainstream* académico. Es contrario también a los economistas liberales partidarios de la teoría del equilibrio general (TEG) como Debreu. Defendió la tesis según la cual un cálculo planificador era imposible sin un mercado, que asigne los precios, y que un sistema económico que no se fundamente en el mercado libre y en la libre concurrencia nunca será óptimo desde el punto de vista de la distribución de recursos.

Joan Robinson (1903-1983)

Joan Robinson fue una economista inglesa que formó parte de la denominada escuela postkeynesiana de Cambridge, Inglaterra.

Joan Robinson participó como colaboradora en la obra máxima de Keynes publicada en 1936, titulada *Teoría general de la ocupación, el interés y el dinero,* recibiendo el reconocimiento del autor en el prólogo de la obra.

Fue una economista heterodoxa, ya que sus teorías reunieron elementos de las más diversas escuelas, oponiéndose generalmente a la ortodoxia dominante en la Economía a medida que transcurría el siglo XX. Sus primeros aportes en Economía fueron en el área de la competencia imperfecta, oponiendo una variante a la tradición neoclásica-marshalliana que resumía a la microeconomía en el modelo de competencia perfecta y su opuesto el modelo del monopolio. Ella observaba, con acierto, que casi toda la realidad del mercado estaba, en el medio de los dos modelos, en la competencia imperfecta. En 1942 publicó un ensayo sobre economía marxista intentando rescatar los aspectos conceptuales, puramente económicos, de la obra de Karl Marx desligándose de dogmatismos que impedían realizar una lectura académica de *El Capital.*

Quizá sus aportes más reconocidos vinieron de su trabajo en la teoría del capital y del crecimiento económico en las décadas de cincuenta y sesenta. No aceptó la teoría neoclásica del capital, la cual había sido adoptada por los economistas de la "síntesis neoclásica-keynesiana" como Robert Solow y Paul Samuelson en los años sesenta y setenta. Protagonizó con dichos economistas la llamada "Controversia entre las dos Cambridges", en relación con la teoría del capital, y sus implicaciones en la teoría del crecimiento.

Joan Robinson en su libro *Introducción a la economía marxista* señala lo siguiente: "Empecé a leer *El Capital* exactamente como empezamos a leer un libro cualquiera, para ver lo que había en él, y me encontré con muchas cosas que ni sus discípulos ni sus adversarios me habían hecho prever. Sraffa me hacía bromas diciendo que yo trataba a Marx como a un pequeño precursor conocido de Kalecki. En cierto sentido, esto no es una simple broma. Hay efectivamente muchos indicios en *El Capital* de una teoría de la demanda efectiva. Los discípulos de Marx pudieron haberla formulado antes de que Keynes y Kalecki la aprendieran a partir de los hechos brutales de la gran crisis, pero no lo hicieron". De esta manera ella propone que en la obra de Marx existen los elementos de una teoría de la demanda efectiva, en especial por medio de la explicación de la posibilidad de crisis por desproporcionalidad (estudiada a través de los esquemas de reproducción simple y reproducción ampliada), en donde Marx intentó elaborar una teoría aparentemente en los siguientes términos: "El consumo de los trabajadores es limitado por su pobreza, mientras que el consumo de los capitalistas es limitado por la voracidad de capital, la cual los obliga a acumular riqueza más bien que a disfrutar lujos. La demanda de bienes de consumo (el producto del grupo II) se ve así restringida. Pero si la producción de las industrias de bienes de consumo está limitada por el mercado, la demanda de bienes de capital (grupo I) se restringe a su vez, porque el capital constante de las industrias de bienes de consumo no crecerá lo suficientemente rápido para absorber la producción potencial de las industrias de bienes de capital. Así, la distribución del ingreso entre salario y plusvalía es tal que da lugar a una tendencia crónica que lleva a una ausencia de equilibrio entre dos grupos de industrias". Este aspecto de la economía de Marx incluso podría permitir la vinculación entre su teoría de la formación de un Ejército Industrial de Reserva con la teoría de Keynes de un desempleo involuntario.

Tercera Parte

PENSAMIENTO ECONÓMICO RECIENTE

Capítulo 15

SÍNTESIS NEOCLÁSICA-KEYNESIANA, MONETARISTAS Y EXPECTATIVAS RACIONALES

El pensamiento económico reciente designa la historia del pensamiento después de los trabajos de Keynes. Keynes había revolucionado el pensamiento económico, criticando el análisis de los economistas neoclásicos. Particularmente, con ocasión de la crisis económica del "crack" de 1929, los gobiernos de los principales países desarrollados empezaron a abandonar las soluciones defendidas por los economistas liberales, y adoptaron políticas keynesianas. Después de la guerra, estas políticas se generalizaron, contribuyendo al fuerte crecimiento económico de los años 1950 y 1960. A veces, se sitúa el principio del periodo en 1945.

El año 1945 marcó el fin de la Segunda Guerra Mundial y sobre todo el principio de un periodo de fuerte crecimiento económico para todos los países desarrollados hasta los años 70, y un período de apertura de las economías al mundo exterior por la promoción del libre cambio. Las teorías económicas debieron adaptarse a este cambio de contexto económico. Hubo muchas interrogaciones sobre la posibilidad de un crecimiento económico fuerte y duradero. Hubo también nuevas teorías en cuanto al comercio internacional y a los provechos que puede acarrear. A medida que los países del tercer mundo se desarrollaron y que nuevas desigualdades económicas entre los países se manifestaron, los economistas se preguntaron sobre las causas de estas desigualdades y sobre el fracaso de ciertos países a desarrollarse y a salir de la pobreza.

1. LA SÍNTESIS NEOCLÁSICA-KEYNESIANA DE HICKS

El concepto de "síntesis neoclásica-keynesiana" se refiere a la revolución keynesiana según la interpretación y formalizado por un grupo de economistas, principalmente norteamericanos, a partir de la primera posguerra. La piedra angular de esta síntesis es el famoso modelo IS-LM, introducido por primera vez por John Hicks.

John Hicks (1904-1989)

Este economista inglés fue uno de los principales contribuyentes a la síntesis neoclásica-keynesiana reelaborando el modelo de equilibrio general walrasiano para acotar las condiciones de estabilidad. Su principal obra fue *Valor y capital,* en la que distingue el efecto renta y el efecto sustitución en la teoría de la utilidad ordinal y la demanda. Este desarrollo original le permite definir el concepto de demanda compensada hoy conocido como demanda hicksiana. Tal concepto estriba en alcanzar una demanda dados los precios y el nivel de utilidad y permite desarrollar la dualidad en la teoría del comportamiento del consumidor.

En el ámbito macroeconómico el modelo IS-LM es un modelo matemático que supuestamente representaría la esencia de Keynes en su *Teoría general, la ocupación, el interés y el dinero* de 1936, en forma de un sistema de ecuaciones simultáneas. A partir de 1937, Hicks trato de unir el keynesianismo con la doctrina neoclásica. Tal planteamiento fue luego ampliado por Franco Modigliani. Esta corriente se desarrolló en los años 1950 y 1960 y se hizo dominante, representada por economistas famosos, tales como John Hicks, Lawrence Klein, James Tobin, Paul Samuelson, todos premios en Ciencias Económicas en memoria de Alfred Nobel.

2. EL MONETARISMO

La curva decreciente entre inflación y paro fue el fundamento de las políticas gubernamentales hasta la década de 1970. A pesar de la dominación del pensamiento keynesiano, en la que se utilizaron casi sistemáticamente políticas de expansión fiscal, hubo un renacimiento del pensamiento liberal.

Las teorías liberales, que abogaron por la retirada del Estado de la economía, atrajeron la atención de los líderes políticos a partir de las crisis del petróleo de 1973 y 1979. Tales crisis pusieron en tela de juicio la eficiencia y la eficacia del keynesianismo. Eso llevaría a que, en los inicios de los años ochenta, los Estados Unidos y el Reino Unido decidieran ejecutar políticas liberales de restricción del gasto público y la prohibición de los déficits. Muchos economistas adaptaron las teorías liberales al nuevo contexto económico y criticaron el keynesianismo, en particular el movimiento de los monetaristas, creado por su líder Milton Friedman (1912-2006). Este autor, nacido en Nueva York, fue un economista estadounidense de origen judío, ganador del Premio Nobel de Economía de 1976, y, una de las principales figuras del liberalismo económico. Catedrático en la Universidad de Chicago, fue uno de los fundadores de la Escuela de Economía de Chicago, una escuela de economía neoclásica defensora del libre mercado. Junto a John Maynard Keynes y Friedrich Hayek, Milton Friedman es considerado uno de los economistas más influyentes del siglo XX.

Milton Friedman (1912-2006)

Milton Friedman dedicó buena parte de su carrera a la crítica del keynesianismo dominante a mediados del siglo XX, calificando la teoría keynesiana de "ingenua". No obstante, Friedman incorporó el lenguaje keynesiano en su obra, aunque siempre fue crítico con las conclusiones del keynesianismo. Su alternativa a la teoría macroeconómica keynesiana se centra en los factores monetarios y se conoce como monetarismo. Friedman propuso como política monetaria ideal una expansión suave y gradual de la oferta monetaria al ritmo del crecimiento del PIB. También desarrolló el concepto de la tasa natural de desempleo, y predijo la crisis de la estanflación en Estados Unidos diez años antes de que ocurriera.

Friedman influyó en los gobiernos de Ronald Reagan en Estados Unidos y Margaret Thatcher en el Reino Unido. Su teoría monetaria inspiró las medidas que tomó la Reserva Federal de Estados Unidos por Ben Bernanke, también premio Nobel de Economía en 2022, por su política monetaria de respuesta a la crisis financiera de 2008.

Friedman cursó Economía en la Universidad Rutgers, tras ello regresó a Chicago para colaborar como investigador con Henry Schultz en mediciones de la demanda.

Milton Friedman en 1935 empezó a trabajar para la Asociación Económica del Comité de Recursos Naturales y en 1937 dejó el puesto para incorporarse a la Oficina Nacional de Investigación Económica, en la que estudió las estructuras de ingresos de las profesiones liberales.

Fue alumno del premio Nobel, Simon Kuznets. Trabajó como economista para varias agencias federales en la ciudad de Washington de 1935 a 1940 y de 1941 a 1943. En 1941, con la entrada estadounidense en la Segunda Guerra Mundial, fue destinado al Departamento del Tesoro, donde se encargó de la política fiscal durante el periodo de guerra. En 1943 fue nombrado director de la Asociación Estadística de la Universidad de Columbia. También fue profesor de la Universidad de Chicago desde 1946, año en el que defendió su tesis doctoral, hasta el año 1976. En 1953 obtuvo una beca Fullbright, con la que efectuó una estancia en la Universidad de Cambridge. En esos momentos existía entonces un amplio debate en torno a las ideas keynesianas.

Además de las clases en la Universidad de Chicago, impartió clases y conferencias en las universidades de Wisconsin, Princeton, Columbia y Stanford, hasta que en 1977 se jubiló como docente, aunque no como investigador. De hecho, desde 1977 hasta su muerte, fue Senior Research Fellow en el Instituto Hoover de la Universidad Stanford. También perteneció a la American Philosophical Society y la National Academy of Sciences.

Perteneció al Partido Republicano y fue asesor económico especial de Richard Nixon, Ronald Reagan, Margaret Thatcher y George W. Bush.

Fue presidente de la *American Economic Association* en 1967. En 1947 funda junto a Hayek y otros la Sociedad Mont Pèlerin, de la que fue elegido presidente en 1972.

En el plano familiar cabe decir que en 1938 se casó con la también economista Rose Director Friedman después de haberla conocido cuando ambos estudiaban en la Universidad de Chicago, en las clases de Jacob Viner. El matrimonio fundaría años más tarde la *Milton and Rose D. Friedman Foundation for Educational Choice*. También escribieron juntos varios libros.

Una de las contribuciones de Friedman a la Economía es su estudio de la función de consumo. Por el contrario de Keynes, que decía que el consumo de un periodo dependía exclusivamente del ingreso del mismo periodo, esto es, del corto plazo, Friedman postuló que este dependía del ingreso permanente, es decir, del ingreso a largo plazo.

Este nuevo enfoque ponía el énfasis en las expectativas y proyecciones de los consumidores de largo plazo. Junto a Edmund Phelps, corrigió la curva de Philips e introdujo las expectativas en este modelo.

En sus aportaciones académicas Milton Friedman fue esencialmente monetarista. Su propuesta fue controlar la inflación restringiendo el crecimiento de la oferta monetaria a una tasa constante y moderada, como le crecimiento del PIB.

Fue desde el inicio hasta el final un economista empírico, especialista en micro y macroeconomía, estadística y econometría. Siempre defendió el libre mercado y fue el líder de la Escuela de Chicago. Las razones que explican este proceder provienen, esencialmente, de su facilidad para hacer sus escritos fáciles de leer por la gente de la calle y la oposición que mantuvo frente al keynesianismo en el momento de máximo apogeo de este, en los años cincuenta y sesenta.

En su explicación de la demanda de dinero en el año 1956, Friedman plantea que la demanda de dinero es función de la proporción entre la riqueza humana y no humana, del tipo de interés nominal, de la inflación esperada, del nivel de precios real, de la función de preferencia del dinero ante otros bienes y, naturalmente, de la renta. Sin embargo, a diferencia de Keynes, Friedman, más centrado en el largo plazo, consideraba la renta permanente. Es decir, el valor actualizado a fecha actual de los capitales futuros originados de un stock de riqueza dado que engloba no solo aspectos cuantitativos o materiales.

Otra contribución de Friedman a la ciencia económica fue la revisión de la curva de Phillips, de inspiración keynesiana, que relacionaba inversamente niveles de paro e inflación. Considera Friedman que el paro sería voluntario de no ser por la existencia de una tasa de paro natural, la NAIRU (*Non Accelerating Inflation Rate Unemployment*), consecuencia de las limitaciones impuestas por gobiernos y otras instituciones públicas. Un ejemplo de ello es la prohibición de ciertos tipos de contratos. La visión de Friedman concibe al mercado como un sistema racional, de asignación de recursos, capaz de corregir sus desequilibrios a largo plazo.

En Friedman y Friedman (1962) con *Capitalismo y libertad* y en Friedman y Friedman (1980) con *Libertad de elegir* aseguraba que solo una institución como el mercado podía garantizar la libertad de los individuos y proponía dejar áreas prioritarias como la educación y la salud en manos de la libre competencia. La teoría de Friedman dice que el consumo de la gente no se ve afectado por los ingresos actuales. Si los consumidores reciben un ingreso imprevisto, es totalmente ahorrado para consumirlo luego. Esta idea planteaba que los estímulos fiscales del Estado no tenían efecto significativo. Esta teoría que fue un pilar central del modelo monetarista sería refutada a la luz de nuevos estudios ya que el comportamiento de los consumidores es más cortoplacista que lo que predecía Friedman ya que las personas que reciben algún beneficio imprevisto, tienden a gastar parte de ello inmediatamente. Diversos economistas demostraron que los consumidores son cortoplacistas cuando dejan de recibir el dinero, reducen el gasto, al contrario de los planteamientos de Friedman.

Friedman proporcionaba soluciones de mercado a todo tipo de problemas –educación, atención sanitaria, tráfico de drogas ilegales– que en opinión de casi todos los demás exigían una intervenión estatal extensa. Algunas de sus ideas provenían de Ronald Coase como la de sustituir las normas sobre contaminación por un sistema de permisos de contaminación que las empresas pueden comprar y vender, que hoy en día se están aplicando. Otras propuestas impopulares, como reducir y sustituir el sistema público para los medicamentos, la sanidad y las pensiones, fueron consideradas mucho después.

Por otro lado, estimaba que cuando un gobierno intenta disminuir el paro por debajo de esa tasa natural mediante políticas monetarias muy expansivas, a corto plazo puede conseguirlo. Pero los agentes económicos se acaban dando cuenta de que, si con iguales salarios hay inflación, ven menguada su capacidad de adquisición de bienes y servicios. De tal modo que descuentan ese efecto, y en la próxima revisión de sus contratos elevarán sus salarios al alza, lo que acabaría de incitar a un nivel de paro mayor. Por ello, todo intento sistemático por parte de los gobiernos de reducir el paro acaba creando inflación sin resolver el desempleo. Incluso puede haber un punto a partir del cual la curva de Phillips se torne en una curva de pendiente positiva, de tal modo que paro e incremento de inflación estén ligados. Eso precisamente sucedió en las crisis del petróleo de los años 1970, situación que la teoría keynesiana era incapaz de explicar.

Según Friedman, el éxito de la intervención de los gobiernos es muy limitado, y lo que deben hacer es eliminar las restricciones que impiden que la tasa de paro natural se instale en unos niveles más reducidos. Friedman consideraba que, al igual que una política monetaria expansiva puede crear crisis económicas, una política restrictiva también puede ser perjudicial, mediante una deflación de precios. Así lo puso de manifiesto en 1963 cuando Milton Friedman publicó, junto a Anna Schwartz, un voluminoso libro titulado *Una Historia Monetaria de los Estados Unidos (1867-1960)*. Donde argumentaba que la Gran Depresión fue consecuencia de la implantación de políticas equivocadas por parte de la Reserva Federal.

Anna Schwartz (1915-2009)

Friedman junto con Anna Schwartz investigó la función del dinero en el ciclo económico. La publicación en 1963 de *A Monetary History of the United States (1867-1960)*, plantea la hipótesis de que los cambios en política monetaria han tenido grandes efectos en la economía, y estableció que gran parte de la culpa para que se diera la Gran Depresión fue debida a una mala política de la Reserva Federal. Anna Schwartz escribió los siguientes libros: *Estadística monetaria de los Estados Unidos* en 1970; y *Tendencias monetarias en los Estados Unidos y el Reino Unido: su relación a ingresos, precios y tasas de interés (1867-1975)*, en 1982. Anna Schwartz, en estos estudios, hizo hincapié en que la estabilidad del nivel de precios es esencial para la estabilidad del sistema financiero. Basándose en evidencia de más de dos siglos, concluyó que los ciclos empresariales no tienen consecuencias importantes para la economía, siempre y cuando se evite la propagación de sus efectos a través del sistema financiero.

Milton Friedman y Anna Schwartz plantearon que la política monetaria tiene efectos reales sobre el empleo a corto plazo, pero a largo plazo solo tiene efectos nominales sobre los precios. Posteriormente parte de esta teoría sería refutada por diversos estudios.

Milton Friedman realizó propuestas para las políticas públicas de corte liberal. Una de ellas fue el establecimiento del bono educativo, en la idea de incentivar la demanda educativa según las preferencias de los padres. Propuso la flexibilización de precios, desregulaciones y privatizaciones, sistemas de pensiones individualizadas, la legalización del consumo de drogas y hasta de la prostitución.

Defendió la abolición del servicio militar obligatorio, de los salarios mínimos y del seguro social. Sostenía que la economía de Hong Kong era el mejor ejemplo de una economía de capitalismo *laissez faire*.

En un contexto general de revolución conservadora, Milton Friedman colaboró con el Partido Republicano. Aconsejó a Ronald Reagan en su campaña presidencial y durante sus dos mandatos; la política económica de Reagan se basó en las ideas de Friedman, que tenían como base una reducción de peso del Estado, bajas tasas marginales de impuestos a los ingresos más altos, la desregulación de la economía y la política monetaria como única herramienta para reducir la inflación.

Para Friedman la libertad económica la tiende a generar el capitalismo, y que por eso mismo el socialismo y el comunismo con su estatismo la tiende a debilitar.

En 1980, la cadena pública de televisión estadounidense PBS emitió una serie de diez capítulos, escrita por Friedman, llamada *Libertad de elegir*. En 2003, afirmó que: "[...] Contaminamos por el sólo hecho de respirar. No vamos a cerrar las fábricas con el pretexto de eliminar todas las emisiones de dióxido de carbono en la atmósfera: ¡Sería como ahorcarse ahora mismo!".

Friedman influyó en los asistentes económicos de la dictadura militar del general Augusto Pinochet incluso desde antes del golpe de Estado. Dos años después de este, en 1975, visitó Chile como invitado especial de la Escuela de Negocios de Valparaíso, por sus exalumnos chilenos de la Escuela de Chicago (*Chicago Boys*). El programa económico puesto en práctica en Chile durante el régimen dictatorial de Pinochet por un grupo de economistas chilenos, tenía una fuerte influencia de Friedman. La mayor parte de aquellos economistas habían estudiado en la Universidad de Chicago con Milton Friedman y Arnold Harberger. Los generales que habían perpetrado el golpe de Estado carecían de las habilidades técnicas para intervenir en la economía y los Chicago Boys –como se les llamaba a sus exalumnos– asumieron esta tarea de tratamiento *de shock* de la inestable economía chilena. El Comité Especial del Senado Norteamericano sobre Inteligencia revelaría más tarde que las medidas económicas que implementó la Junta Militar de Gobierno en Chile inmediatamente después del golpe de estado fueron diseñadas con ayuda de "colaboradores de la CIA". Según el diario *The Wall Street Journal* (2 de noviembre de 1973), los Chicago Boys estaban ansiosos del golpe e "impacientes por lanzarse" sobre la economía chilena. El modelo teórico que habían aprendido en Chicago de su profesor Friedman se implantó sin oposición política posible un año más tarde. Friedman visitó Chile por este motivo y, junto a Harberger, realizó varias charlas y declaraciones de prensa sobre su recomendado "tratamiento de shock" para la economía chilena, a su juicio, gravemente enferma.

Milton Friedman defendió la reducción del gasto público (20%) y del número de empleos públicos (30%), la eliminación de políticas sociales y un inicial aumento de impuestos al consumo como medidas del gobierno chileno.

Friedman fue duramente criticado por su supuesta colaboración con Pinochet a lo que él siempre respondería haciendo analogía entre la dictadura militar chilena y la dictadura china. Friedman se defendía diciendo que también había impartido conferencias a los estudiantes de Economía en China y que también se reunió con el secretario del Partido Comunista de China Zhao Ziyang, sin que eso implique que se le pueda acusar de colaborador con la causa del comunismo.

El 14 de octubre de 1976 se anunció que Friedman recibiría el Premio Nobel de Economía "por sus logros en los campos del análisis del consumo, historia y teoría monetaria y por su demostración de la complejidad de la política de *estabilización*". Tras este anuncio el diario estadounidense *The New York Times* publicó una carta de dos Premios Nobel, George Wald (Medicina) y Linus Pauling (Química y Paz), en la que criticaban al comité del premio por "una deplorable exhibición de insensibilidad" al otorgarle el Premio Nobel a Milton Friedman. A esta crítica enseguida se sumaría también el Premio Nobel Salvador Edward Luria que calificaba la decisión del comité como "perturbadora" y "un insulto para la gente de Chile que cargaba con las reaccionarias medidas económicas avaladas por Friedman".

En diciembre, cuando Friedman viaja para recibir el Premio Nobel, se produjeron múltiples y masivas manifestaciones en su contra. El 14 de diciembre de 1976, cuatro días después el Premio Nobel Gunnar Myrdal publicó una larga columna en el diario sueco *Dagens Nyheter*, que pronto aparecería reproducida en la popular revista americana *Challenge*, donde criticaba a la Academia Sueca de las Ciencias por sus prácticas secretas en la elección de dicho Premio Nobel y argumentó que la entrega del Premio Nobel de Economía debería suspenderse ya que era un acto político.

Milton Friedman falleció a causa de un ataque cardíaco el 16 de noviembre de 2006, a los 94 años, en un hospital próximo a la ciudad de San Francisco, donde residía desde finales de la década de los años 70. Tras su fallecimiento su familia pidió que, en lugar de recibir flores o regalos, todas las aportaciones se destinarán a la *Milton and Rose D. Friedman Foundation*. Fue incinerado y sus cenizas fueron esparcidas en la bahía de San Francisco.

Reglas frente a discrecionalidad política en el monetarismo

La publicación del libro de Friedman y Schwartz (1963), titulado *A Monetary History of the United States (1867-1960)*, marca el comienzo de una nueva corriente de pensamiento, el "monetarismo de Chicago", sumamente crítica con las ideas keynesianas entonces dominantes.

Para Friedman y Schwartz (1963), los ciclos económicos son, básicamente, consecuencia de las intervenciones erráticas de las autoridades monetarias, es decir, de los gobiernos. Considera que es imposible controlar el ciclo y cree que los intentos de control por parte de los gobiernos suelen ser contraproducentes.

Por estas razones, Friedman y Schwartz (1963) se manifiestan contrarios a la discrecionalidad y abogan por la existencia de reglas simples y claras. Propone una "regla de oro" para la estabilidad monetaria, que es la siguiente: "los bancos centrales deben concentrarse en mantener un ritmo de crecimiento de la oferta monetaria igual al del producto nacional".

El enfoque de Friedman es más empírico que teórico. Parte de la identidad MV = PY, analiza en detalle la evolución de todas estas variables e intenta descubrir qué dicen los datos sobre las relaciones entre las mismas. Dicho análisis le lleva a las siguientes conclusiones:

1) La velocidad de circulación del dinero (V) permanece estable en el largo plazo, aunque a corto plazo está sujeta a cambios impredecibles.
2) El crecimiento del producto nacional (Y) (hablamos del producto nacional "en términos reales", es decir, deflactado de acuerdo con índice general de precios –P–) no presenta ninguna relación observable con la cantidad de dinero (M), si nos fijamos en el largo plazo; en el corto plazo, sin embargo, las variaciones en M sí parece que tienen alguna influencia sobre Y, aunque no se trata de una influencia sistemática ni fácilmente predecible.
3) Si V se puede considerar constante a largo plazo y si M se comporta realmente como una variable exógena, se puede afirmar que las variaciones de M son la causa principal de las variaciones de la *renta nominal* (PY).
4) Si V es un valor estable y si la renta real, Y crece de manera exógena, se puede decir que (todo esto en el largo plazo) las variaciones en la cantidad de dinero se reflejan única y exclusivamente en los precios.

Todo esto puede interpretarse como una "validación" o "contrastación" empírica, de la teoría cuantitativa y del principio de neutralidad del dinero. Nótese de todos modos que la relación dinero-precios es una relación a muy largo plazo. No se discute que las perturbaciones monetarias puedan tener una influencia importante sobre la marcha de la "economía real" en periodos relativamente cortos. Lo que se afirma es que estas perturbaciones no tienen ningún efecto apreciable sobre la evolución secular del producto nacional.

Estos puntos de vista se reflejan en el análisis que Friedman y Schwartz (1963) hacen de la Gran Depresión, muy distinto del análisis keynesiano habitual en esos años. Las tesis keynesianas, dominantes a comienzos de los años sesenta, atribuían la Gran Depresión básicamente a factores psicológicos y sostenían que los factores monetarios habían desempeñado un papel meramente pasivo durante todo el proceso. En cambio, Friedman y Schwartz (1963), aun reconociendo que los factores psicológicos pueden dar lugar a perturbaciones importantes de manera ocasional, insistían mucho en: a) la naturaleza imprevisible y asistemática de estos fenómenos; b) la capacidad que tiene la economía para ajustarse rápidamente en respuesta a dichas perturbaciones; y, sobre todo, c) la actuación de las autoridades monetarias que, según ellos, habían tomado una serie de decisiones erróneas, las cuales habían logrado transformar un problema relativamente pequeño en una gran tragedia.

3. LA SÍNTESIS NEOCLÁSICA-KEYNESIANA DE SAMUELSON

Paul Anthony Samuelson (1915-2009)

Paul Anthony Samuelson fue un economista norteamericano que introdujo importantes aportaciones y teoremas operacionales en su obra *Foundations of Economic Analysis*. Samuelson (1947) introduce el método de la estática comparativa y encuentra innumerables simetrías entre la teoría del consumidor y la demanda y la teoría de la producción y la empresa. En el ámbito macroeconómico trabaja el modelo IS/LM buscando precisar las condiciones que permiten la eficiencia de las políticas presupuestarias y monetarias, pero solo en economías cerradas. Este modelo se hizo bastante consensual entre los economistas, ya que admite que las políticas económicas de parte de los gobiernos pueden ser eficientes solo si algunas condiciones están cumplidas. Para completar ese modelo Samuelson se sirvió de la curva de Phillips que establecía una relación entre el nivel de los salarios y el nivel del paro. Samuelson generalizó esta curva en una relación entre la inflación y el paro.

4. LA ESCUELA DE LA MACROECONOMÍA DE LAS EXPECTATIVAS RACIONALES

John F. Muth (1930-2005)

El concepto de expectativas racionales fue introducido en la literatura económica por John F. Muth al comienzo de los años sesenta ("Rational Expectations and the Theory of Price Movements", *Econometrica*, 1961), pero no logró imponerse hasta la década siguiente, gracias sobre todo a la obra de Robert Lucas.

Robert Lucas (1937)

Robert Lucas es probablemente uno de los economistas más influyentes desde la década de 1980. Sus principales contribuciones han sido en el campo de la teoría macroeconómica, introduciendo los fundamentos microeconómicos para justificar los modelos macroeconómicos. Se le conoce en primer lugar, por sus investigaciones acerca de las implicaciones de la teoría de las "expectativas racionales". Ha sustentado la visión del ciclo económico como equilibrio dinámico. Desarrolló el concepto de la *"Crítica Lucas"* sobre política económica, la cual sostiene que relaciones entre parámetros que parecen permanecer estables, por ejemplo, la aparente relación entre la inflación y el empleo, cambian en respuesta a cambios de la política económica.

También desarrolló el modelo Uzawa-Lucas (con Hirofumi Uzawa) de acumulación de capital humano. La "paradoja de Lucas", responde a la pregunta de por qué no fluye más capital de los países desarrollados a los países en desarrollo.

Este planteamiento realizado en 1988 es una contribución fundamental en la literatura sobre desarrollo económico y crecimiento.

Robert Lucas y Paul Romer anunciaron el nacimiento de la teoría del crecimiento endógeno y el resurgimiento de la investigación sobre el crecimiento económico a finales de los años ochenta y los noventa.

Lucas realizó contribuciones fundamentales a la economía del comportamiento y proporcionó la base intelectual para la comprensión de las desviaciones de la ley de un precio basado en la irracionalidad de los inversionistas. En 2003, declaró, aproximadamente 5 años antes de la Gran Recesión de 2008, que "el problema central de la prevención de la depresión ha sido resuelto, para todos los propósitos prácticos, y de hecho ha sido resuelto por muchas décadas". Sin embargo, no deben confundirse los conceptos "recesión" y "depresión". Lucas se refería a una caída sostenida en la actividad económica, similar a la Gran Depresión de la década de 1930.

Lucas es bien conocido por sus investigaciones sobre las implicaciones de la asunción de la teoría de las expectativas racionales. Lucas (1972) incorpora la idea de expectativas racionales en un modelo dinámico de equilibrio general. Los agentes del modelo de Lucas son racionales: sobre la base de la información disponible, forman expectativas sobre los precios y las cantidades futuras y, basándose en estas expectativas, actúan para maximizar la utilidad esperada de por vida. También proporcionó una teoría fundamental para la visión de Milton Friedman y Edmund Phelps, sobre la neutralidad a largo plazo del dinero, y proporciona una explicación de la correlación entre producción e inflación, representada por la curva de Phillips. Recientemente, se ha cuestionado la neutralidad de la moneda, utilizando en particular las técnicas de quienes la defienden.

Lucas (1972) desafió los fundamentos de la teoría macroeconómica, previamente dominada por el enfoque económico keynesiano, argumentando que un modelo macroeconómico debería ser construido como una versión agregada de modelos microeconómicos, para poder hacer predicciones; si el modelo busca solo generar pronósticos a corto plazo Lucas no le exige microfundamentos, mientras que observa que la agregación en el sentido teórico puede no ser posible dentro de un determinado modelo. Desarrolló la "crítica Lucas" de la formulación de políticas económicas, que sostiene que las relaciones que parecen mantenerse en la actividad económica, como una aparente relación entre la inflación y el desempleo, podrían cambiar en respuesta a cambios en la política económica. Esto llevó al desarrollo de la nueva macroeconomía clásica y a la búsqueda de fundamentos microeconómicos para la teoría macroeconómica.

La tesis de las expectativas racionales, publicada por Robert Lucas en "Expectations and the Neutrality of Money", *Journal of Economic Theory*, en 1972, se puede resumir en los siguientes términos:

1) La gente no puede ser engañada de una manera sistemática.
2) Los agentes económicos son normalmente capaces de procesar de la mejor manera posible toda la información a su alcance.
3) Como consecuencia de lo anterior, habría que decir que los agentes económicos son capaces de predecir lo que va a pasar en la economía tan bien como el mejor economista que use el mejor modelo disponible.

Estos supuestos, sin duda discutibles, dan lugar a dos conclusiones importantes:

1) Los mercados –al menos los mercados competitivos, siempre que no estén intervenidos– funcionan de manera eficiente; es decir, se ajustan con suma rapidez; y se ajustan de tal manera que los precios de mercado siempre reflejan toda la información disponible que pudiera afectarlos (hablamos de información *pública*, es decir, información al alcance de todo el mundo).
2) La política anticíclica se hace totalmente ineficaz: no se puede jugar a engañar a la gente, o a ir por delante de los demás, porque la gente es demasiado lista.

El análisis macroeconómico tradicional había enfatizado mucho la distinción entre el corto y el largo plazo. Sin embargo, con la tesis de las expectativas racionales esta distinción deja de ser relevante. Ahora lo importante es distinguir entre cambios anticipados o previsibles y cambios no anticipados o imprevisibles. En el modelo de Lucas, los cambios en la oferta de dinero, cuando son perfectamente previsibles, dejan de tener efecto: el dinero es "neutral". El análisis de Lucas venía por tanto a respaldar, desde un punto de vista teórico, lo que Friedman había defendido a partir de consideraciones puramente empíricas.

Capítulo 16
EPÍLOGO

En este libro se abordó el estudio del pensamiento económico. Se analizaron los pensamientos económicos de los griegos, los romanos, los cristianos, los judíos y los islámicos, así como del feudalismo, mercantilismo y capitalismo. Aquí es de destacar la idea de que, a veces, los teólogos conocen mejor que los arbitristas y consejeros de los monarcas la realidad. Es el caso de los teólogos de la Escolástica respecto a los arbitristas del mercantilismo. Tales teólogos negaban que la riqueza de un país estuviera en acumular oro y plata, tal y como defendían los mercantilistas. Para los teólogos la riqueza de un país está en las personas, el capital humano, las tierras, las carreteras, los edificios y en la calidad del funcionamiento de las instituciones.

El pensamiento económico de los siglos XIII-XVIII tiene la peculiaridad de que se ajusta bastante bien a los problemas empresariales del capitalismo comercial. A medida que surgen nuevas realidades, o se plantean nuevos problemas en la práctica comercial, se van buscando las respuestas adecuadas. Podemos decir que en esta época la evolución del pensamiento económico discurre en paralelo a la evolución del sistema económico.

No se puede decir lo mismo del pensamiento económico, mucho más "consolidado", que empieza a desarrollarse a finales del siglo XVIII, sobre todo a partir de Adam Smith. Con Smith la teoría económica se consolida como una disciplina autónoma y empieza a seguir un rumbo que no siempre va en paralelo a la realidad económica de su tiempo. Puede decirse que el desarrollo de ciencia económica a partir de Smith, primero con la escuela clásica, y después con la neoclásica, a lo largo de los siglos XIX y XX, la época del capitalismo industrial, ha seguido una pauta muy marcada por la "lógica interna" de la disciplina.

En la época del capitalismo de plataformas digitales se ha seguido la pauta anterior de la "lógica interna", de la disciplina sin responder paralelamente a la evolución del sistema económico. Lo que se quiere decir con esta referencia a la "lógica interna" de la Economía es lo siguiente: Los economistas investigan ciertos fenómenos, se hacen preguntas sobre ellos y buscan respuestas a esas preguntas. Algunas veces las respuestas son buenas y otras no tanto. Muchas cuestiones quedan sin resolver. Esto da lugar a un diálogo continuo entre los economistas del presente y los del pasado. Esa es la "lógica interna" del pensamiento económico que continuamente lleva a replantearse antiguas preguntas, a buscar nuevas respuestas y a plantear preguntas nuevas. Pero este camino no siempre discurre en paralelo a los hechos y a los problemas económicos reales de cada momento. En general, podría decirse que el desarrollo del pensamiento económico a lo largo de los siglos XIX, XX y XXI responde más a esa "lógica interna" que a la evolución de la economía real o del "sistema económico".

Es posible que con la reciente crisis del Covid-19 de nuevo en el capitalismo tenga un papel creciente el Estado durante los próximos años, incluso décadas. En mi opinión esto es una consecuencia de que los ciclos económicos, ya sean provocados externamente por catástrofes naturales o internamente como producto de su propia dinámica, dan lugar a ciclos de mayor o menor intervención del Estado en la actividad económica.

BIBLIOGRAFÍA

Aristóteles (2015). *La Política*. Editorial Gredos.

Aristóteles (2019). *Ética a Nicómaco-Ética a Eudemo*. Editorial Gredos.

Becker, G. (1976). "Altruism, Egoism and Genetic Fitness: Economics and Sociology". *Journal of Economic Literature*. Vol. 14, pp. 817-826.

Cabrillo, F. (2006). *Los economistas extravagantes*. Editorial Libertad digital y Hoja perenne.

Coto Millán, P. (2021). *¿Emprendedores o empresarios? De la cooperación natural a la global*. Editorial McGraw-Hill.

Coto Millán, P. (2024). *Filosofía y Economía*. En evaluación.

Dempsey, B.W. (1935). "Just Price in a Functional Economy". *American Economic Review*. Vol. 35, pp. 471-486.

Ekelund, R.B. y Hebert, R.F. (2008). *Historia de la Teoría Económica y de su método*. Editorial Ariel.

Engels, F. (1971). *El origen de la familia, la propiedad privada y el Estado*. Madrid. Editorial Zeus.

Friedman, M. y Friedman, R. (1962). *Capitalismo y libertad*. Editorial Deusto.

Friedman, M. y Friedman, R. (1980). *Libertad de elegir*. Editorial Deusto.

Friedman, M. y Schwartz, A. (1963). *A monetary history of the United States,1867-1960*. National Bureau of Economic Research Publications, 9.

Grice-Hutchinson, M. (1982). *El pensamiento económico en España (1177-1740)*. Editorial Crítica.

Jenofonte (1993). *Recuerdos de Sócrates; Económico; Banquete; Apología de Sócrates*. Editorial Gredos.

Jenofonte (2001). *Anábasis o expedición de los diez mil*. Editorial Gredos.

Jenofonte/Pseudo Jenofonte (1984). *Obras menores/La República de los atenienses*. Editorial Gredos.

Keynes, J.M. (2010). *Teoría general de la ocupación, el interés y el dinero*. Editorial Fondo de Cultura Económica.

Kirzner. I.M. (1999). "Creativity and/or Alertness: a Reconsideration of the Schumpeterian Entrepeneur". *Review of Austrian Economics*, Vol. 11, pp. 5-17.

Kishtainy, N. (2019). *Breve historia de la Economía*. Editorial Biblioteca Nueva.

Lucas, R.E. (1972). "Expectations and the Neutrality Money". *Journal of Economic Theory*. Vol. 4, pp. 103-124.

Lucas, R.E. (1988). "On the Mechanics of Economic Development", *Journal of Monetary Economics*, 22, 1, pp. 3-42.

Platón (2013). *La República*. Alianza Editorial.

Popper (1963). *Conjeturas y refutaciones. El crecimiento del conocimiento científico*. Editorial Paidós.

Rothbard, M.N. (2022). *Historia del Pensamiento Económico*. Unión Editorial.

Russell, B. (1961). "The Materialistic Theory of History", en Engels y Denner (eds.): *The Basic Writtings of Bertrand Russell*. Editorial Carion Books.

Samuelson, P.A. (1953). *Fundamentos del Análisis Económico*. Editorial Ateneo.

Sánchez Molinero, J.M. y de Santiago Hernando, R. (1998). *Utilidad y bienestar. Una historia de las ideas sobre utilidad y bienestar social*. Editorial Síntesis.

Sánchez Molinero, J.M. (2015). *Historia del Pensamiento Económico*. Apuntes de clase del profesor. 32 páginas.

Sánchez Molinero, J.M. (2020). *Últimas preguntas. Un ensayo sobre los límites de la razón y los fundamentos de la fe cristiana*. Editorial McGraw-Hill.

Schumpeter, J.A. (1949). "Economic Theory and Entrepreneurial Theory". Reimpreso en R.V. Clemence, *Essays of J.A. Schumpeter* (1951). Cambridge, MA: Addison-Wesley, pp. 248-266.

Schumpeter, J.A. (1983). *The Theory of Economic Development. An Inquiry into Profits, Capital, Credit, Interest, and the Business Cycle*. Transaction Publishers, New Bruswick, New Jersey. Original material 1934 by the president and fellows of Harvard College.

Schumpeter, J.A. (1988). *Capitalismo, socialismo y democracia*. Tomos I y II. Biblioteca de Economía. Editorial Orbis.

Schumpeter, J.A. (2012). *Historia del Análisis Económico*. Editorial Ariel Economía.

Smith, A. (1979). *Investigación sobre la naturaleza y causas de la riqueza de las naciones*. Editorial Fondo de Cultura Económica.